21世纪高等学校动画与新媒体艺术系列教材

丛书主编：吴冠英　贾否　朱明健　陈小清

电子书刊设计

柴文娟 编著

WUHAN UNIVERSITY PRESS
武汉大学出版社

图书在版编目（CIP）数据

电子书刊设计/柴文娟编著.—武汉:武汉大学出版社,2010.1
21世纪高等学校动画与新媒体艺术系列教材
ISBN 978-7-307-07002-8

Ⅰ.电…　Ⅱ.柴…　Ⅲ.①电子出版物—书籍装帧—设计—高等学校—教材
②电子出版物—刊物—设计—高等学校—教材　Ⅳ.G255.75 TS881

中国版本图书馆CIP数据核字(2009)第065447号

责任编辑：胡国民

出版发行:**武汉大学出版社**　(430072　武昌　珞珈山)
　　　　　(电子邮件:cbs22@whu.edu.cn　网址:www.wdp.com.cn)
印刷:湖北恒泰印务有限公司
开本:889×1194　1/16　印张:9.5　字数:180千字
版次:2010年1月第1版　2010年1月第1次印刷
ISBN 978-7-307-07002-8/G·1352　　定价:36.00元

21世纪高等学校动画与新媒体艺术系列教材

编委会

Animation

New Media

Arts

Animation

New Media

Arts

序

序

Animation

New Media

Arts

Animation

New Media

Arts

　　动画，因为它的"假定性"特质，以及在故事编撰、表现材料、想象塑造和声音设计上给作者以极大的维度，因此，它可以自由地表现人们无限的梦想。在许多人的成长记忆中都有几部可以津津乐道的动画片或几个有着很深印记的卡通形象，而儿童更是对动画片有着天生的痴迷。其绚丽的色彩、夸张的造型以及匪夷所思的故事，深深地吸引着他们充满好奇的眼睛。动画的神奇魔力不言而喻。而相对于动画的学习者而言，则完全不同于观赏者的角度。它需要全面、系统的知识和技能做支撑。可以说，动画是所有艺术门类中，艺术与科学最密不可分的一门综合、多元的艺术，也是最需要具备团队合作精神的创作状态。这是作为一个合格的动画人的基本素质。

　　在当下媒体形态和传播方式不断变化的情况下，我们集中了全国主要的综合性院校及专业艺术设计院校中动画及相关学科的骨干教师，编著了这套近三十册的动画教学丛书，基本涵盖了动画及其外延专业的主干课程，内容涉及前期创意至中后期制作的各个环节，对学习动画所应掌握的知识结构作了较为明晰的梳理和归纳，同时也反映出国内各院校对动画艺术教学的探索与思考。

　　对于动画创作而言，时间永远是最重要的，还等什么，我们一齐动手吧！

清华大学美术学院　吴冠英

2009年3月28日

目录 Contens

目录

Animation
New Media

Arts

Animation

New Media

Arts

目录
Contens

电子书刊设计

第一章

电子书刊设计理论概述

CHAPTER

1.1 书籍艺术溯源

追本溯源，书籍利用文字、符号、图形记载着人类的思想和情感，它叙述着人类的文明进程，传播着人类的文化。不同的社会生产力决定了书籍装帧的物质组合形态和工艺手段，同时也反映出不同的社会意识形态。书籍形态是经过漫长的历程发展而来的。人类从最开始朦胧的审美意识，经由原始自然材料采集、打磨、刻画，到现代机械化大生产，逐渐形成了一定的审美价值观。正如马克思指出的那样："人……随时随地都能用内在固有的尺度来衡量对象，所以人按照美的规律来塑造对象。" [1]对美的追求可溯源到原始社会动物本能的对快感的追求，从那时期的直接刻画记录，到当代胶版滚筒式印刷，期间经历了书籍装帧设计的原始形态、书籍装帧艺术的古代时期、现代书籍装帧艺术和当代书籍装帧艺术。

1.1.1 中国书籍艺术起源

1. 文字的起源——中国书籍艺术的萌芽

在中华文明的记载里，文字是最神圣的发明，书籍的产生可以追溯到文字的起源。近代经过考证，关于中国文字起源，一般认为在中国黄河中游的"仰韶文化时期"，就已经创造了文字，距今有5000~6000年。甲骨文是刻(或写)在龟甲和兽骨上的文字，是中国已发现的古代文字中时代最早、体系较为完整的文字。一般认为，中国最早的书籍是商代刻有文字的龟甲或兽骨，距今已有3000余年。在刻写卜辞时，按自上而下的顺序刻出，这种刻法既可秉承"天"的旨意，又可连续刻出，形成竖写直行的款式(参见图1-1)。中国古代崇尚以右为上，以左为下。从上到下，自然也就是先右后左了。董作宾[2]的《新获卜辞写本后记》里记载，发现刻有"册六"二字的龟片，且有穿孔，把许多龟片串联成册，故名"龟册装"，这就是中国

图1-1　殷商武丁早期征讨卜辞

---

① 马克思.1844年哲学—经济学手稿[M].北京人民出版社，1979：50—51。
② 董作宾(1895—1963)，甲骨文学家、古史学家、"甲骨四堂"之一。河南省南阳人。原名作仁，字彦堂，号平庐。1923年入北京大学研究所国学门，习甲骨文。曾任教于中州大学、中山大学等，1928年后到中央研究院历史语言研究所，曾任研究员、美国芝加哥大学客座教授。1949年后到台湾，曾任台湾大学文学院教授、历史语言所所长、香港大学东方文化研究院研究员等。早年从事方言、民俗调查，后来专门研究甲骨文。著有《甲骨文断代研究例》。

图1-2 简策装　　　　　　　　　　　　　　　　　图1-3 帛书

第一章
电子书刊
设计

理论概述

Animation

New Media

Arts

Animation

New Media

Arts

书籍的雏形。①

　　商代中叶以后，从春秋时期(迄今发现的实物最早为战国时期)出现了把文字刻在削成片子的竹木简，并将这些简用绳子、皮革编连起来成为一篇文章或一部"书"，称为"简策装"(参见图1-2)。叶德辉②在《书林清话》中记载："古书止有竹简，曰汗简，曰杀青。汗者去其竹汁；杀青者去其青皮。"其用意在于防止新竹的腐朽或虫害。大约在春秋末期战国初期，我国开始用缣帛写书，这就是帛书。帛书的装帧方法比较简单，绝大多数是采用卷起来的方法，称为"卷轴装"(参见图1-3)。帛书继承简策书的版式特点，把简策书中两根简所形成的自然隔线运用在帛书上，出现了朱砂或墨画的行格，后来称红色的为"朱丝栏"，称黑色的为"乌丝栏"。"朱丝栏"和"乌丝栏"行格的第一次出现，好像很自然地依简策书变化而来，实际上包含着美学和实用的因素。它虽然受到简策书的启发，却包含有"天人合一"的主观意向，上下直行的观念进一步发展，不但有了行格，进而使天头、地脚的观念更加明确了。

　　这些文字记录形态已具备现代书籍的基本形式的结构雏形，具有一定的装帧手段。从以文字传递信息的时代开始，书籍作为美的形态出现在艺术历史舞台，这一时期也是书籍艺术的萌芽时期。

　　2. 造纸术与印刷术——古代书籍艺术的形成

　　东汉以后，由于造纸术的发明，文字依附的材料渐为纸张所代替，形成卷轴的装帧艺术形式。卷轴由左向右卷起，右边是书首；为了保护书首，卷的前面留一段空白，裱一段韧性较强的纸或纺织材料，这就叫做缥；以后叫"包首"。缥的前端再系上一根丝织品，称为带，用来捆扎书卷。卷书的轴通常用竹和木制成，比较讲

---

① 董作宾.新获卜辞写本后记[J].安阳发掘报告,(北平、史语所),1929: 182—214.
② 叶德辉(1864—1927)，字焕彬，号郋园，又号丽廔主人，湖南湘潭人。

究的卷轴材料，有琉璃、象牙、玳瑁等。卷、轴、缥、带是卷轴装的四个部分(参见图1-4)。

卷轴形式的书沿用了好几百年，最大的缺点就是阅读起来很不方便。一本长卷书有几丈长，无论是通篇阅读，还是查阅其中某一段或某一句，都要打开、查阅、卷起、存放，费时费事。另外，卷子是由一张一张纸粘接起来再装裱成的，手续比较麻烦。随着社会科学文化的发展，大约在唐代中期，开始出现了页子形式的书。它是在卷轴装的基础上发展起来的。它的装订方法是以一幅比书页略宽而厚的长条纸作底，而后将单面书写的首页全幅粘裱于底纸右，其余书页因系双面书写，故从每页右边无字之空条处粘一条纸，逐叶向左鳞次相错地粘裱在每页之外的底纸上。收藏时，与卷轴装方向相反，是从首向尾卷起，从外表看，仍是卷轴装。把卷子收起来时，书页鳞次向一个方向旋转，如同旋风，称为"旋风装"(参见图1-5)。旋风装书的页子的右边粘在底纸上，依次粘，看书时由右向左，看完后往右翻过页子继续读，旋风装书首次出现了翻页子的方法，对后世的书籍影响很大，一直沿用了很长时间。

旋风装解决了卷子舒卷不便的问题，但它仍用轴子和卷起来插架存放的办法，还没有完全脱离卷轴的形式。大致在9世纪中叶以后的唐代晚期，又出现一种新的装订方式。折装的方法仍是把书页粘成一长条，其幅面一般分为60~80mm或200~300mm长。不过不是卷起来，而是把这个长条按照一定的规则左右连续折叠起来，形成一个长方形的折子。为了保护首尾页不受磨损，再在上面各粘裱上一层较厚的纸作为护封，也叫书衣、封面。因为这种方法最先使用于佛教经书，所以叫"经折装"(参见图1-6)。经折装书中出现的"折"在中国书籍装订史上占有极其重要的地位。"折"是一个文化现象，却包含极其丰富的哲学内涵，它是"卷"发展到经折装时必然出现的划时代的突破，有重大的历史意义。没有"折"，不可能有后来书籍装订形式的逐步完善，难以有现代装订形式的形成。"折"使书籍装订形

图1-4　卷轴装

图1-5　旋风装

图1-6 经折装

图1-7 蝴蝶装

第一章

电子书刊

设计

理论概述

Animation

New Media

Arts

Animation

New Media

Arts

式不断进步，"折"推动了书籍装订史的发展。经折装的出现，标志着中国书籍的装帧完成了从卷子装向册页装的转变。

印刷术是中国古代四大发明之一。它开始于隋朝的雕版印刷，经宋仁宗时的毕昇发展、完善，产生了活字印刷。毕昇在印刷实践中，深知雕版印刷的艰难，他认真总结前人的经验的基础上终于发明了活字印刷术。其方法沈括在《梦溪笔谈》中有具体记载。毕昇创造发明的胶泥活字，是我国印刷术发展中的一个根本性的改革，是对我国劳动人民长期实践经验的科学总结，对我国和世界各国的文化交流作出了伟大的贡献。中国的印刷术是人类近代文明的先导，为知识的广泛传播、交流创造了条件。

雕版印刷术的发明，对人类文明作出了卓越的贡献。中国现存最早的印刷品应该是唐代的佛经《金刚经》，是在公元868年印刷的。孙毓修在《中国雕版源流考》中说："雕本联合篇卷，装为册子，易成，难毁，节费，便藏，四善具焉。"[1] 特别是进入宋代，雕版印刷书籍盛行以后，为适应雕版印书的特点，书籍生产形式发生了变化，制作方法是将每张印好的书页，向印有文字的一面对折，折线必须在一版中缝的中线上，然后将其中缝处粘在一张用以包背的纸上。这种装帧的书籍，打开来版口居中，书页朝两边展开，如蝴蝶展翅，故名"蝴蝶装"（参见图1-7）。叶德辉在《书林清话》中说："蝴蝶装者不用线钉，但以糊粘书背，夹以坚硬护面，以版心向内，单口向外，揭之若蝴蝶翼。"蝴蝶装适应了印刷书籍一版一页的特点，文字朝里，有利于保护版框以内的文字，也没有针眼和纸订孔。

唐宋的书籍装帧，由卷轴逐渐发展为册页。在册页制度的基础上，元、明两代的书籍艺术又有了进一步的发展，出现了包背装。其装法是将书页的正面正折，版

---

[1] 孙毓修、陈彬、查猛济.中国雕版源流考[M]. 上海：上海古籍出版社，2008。

心向外，页的边，亦称"脑"的一边为书背，在右边打眼，用绵性的纸捻钉住，左边没有切口，只是上下裁切，右边裁齐以后装背。书外用书衣绕背包装(酷似现代的平装书)，并因之得名"包背装"（参见图1-8）。包背装书改变了蝴蝶装书内在的不和谐的缺点，翻开看时不再出现断开的现象，连续性增强，关系顺了，结构变得更合理。现存的公元1249年的医学著作《本草》一书，图文并茂，利用字体大小不同标明段落，非常清楚。插图简明扼要，木刻技术成熟，表明中国的印刷和平面设计已经非常成熟。

到明代中期，随着书籍的阅读更加频繁，线装开始盛行。线装是采用两张与书页大小相同的书皮，书册上面一张，下面一张，与书背戳齐，然后打眼订线。线装书的封面多用瓷青纸，贴白色签条，上写书名并加盖红色印章，清水丝线缝缀。一书多卷的线装书还用纸板青布糊制成"函"收装，配以象牙别子，整个设计古色古香(参见图1-9)。线装书既便于翻阅，又不易散破，在中国传统的装订技术史上最为先进，这种装帧仍在流行，并被视为典雅的装帧。

唐代以来，由于印刷术的兴起，才逐渐由手抄改为木版雕刻印刷，装帧形式也丰富起来，先后出现了卷轴装、旋风装、经折装、蝴蝶装、包背装、线装等装帧艺术形式。造纸术、印刷术的发展和多样性的装帧形式，为推动世界书籍装帧艺术的发展作出了巨大的贡献。

3. 新文化运动——中国近代书籍艺术的演化

中国近代书籍艺术随着五四新文化运动的兴起而不断发展。原有的传统装帧作为整体中国书籍装帧艺术的分支保留下来，但由于受西方文化影响，中国书籍装帧产生了新的阅读装订方式和书籍形态，同时西方铅印技术和印刷技术促进了中国的

图1-8 包背装

图1-9 线装

图1-10 《呐喊》封面　　　　　图1-11 《彷徨》封面

第一章
电子书刊
设计
理论概述

Animation

New Media

Arts

Animation

New Media

Arts

现代装帧艺术的发展。当时装帧艺术界最有影响的人物有鲁迅、闻一多、陶元庆、司徒乔、孙福熙、丰子恺、钱君匋、张光宇等。鲁迅先生是我国现代书籍装帧艺术的奠基者，虽然不是专职的装帧艺术家，但由于他对文学艺术有精湛的修养和对印刷知识极为熟悉，亲自动手设计了不少书籍，倡导"洋为中用"、"拿来主义"且不失民族特色，他对装帧设计相当重视，凡经过他手的书籍装帧，在封面、插图、书名文字、排版、纸张、印装等一系列装帧问题上都有细致的处理。鲁迅先生重视装帧设计不但表现为中西结合和亲自动手设计，更重要的是对装帧设计工作的重视。在旧式出版界，人们把装帧设计者看做匠人，鲁迅对装帧设计者的态度则是爱护和尊重，他请人画封面，允许设计者在适当的位置签上自己的名字，以示负责和荣誉，为装帧设计者在出版界赢得一席之地，足以证明鲁迅先生对书籍设计的重视和倡导。他在1926年《呐喊》再版时进行了设计，封面用枣红色书纸，在封面的中上方用黑红字横式方块，社名用表宋铅字，书名字像利刀铸刻的那样充满着力量，大面积的红色沉着有力，它渲染着受害者的血迹，召唤着斗争和光明，这《呐喊》是勇猛不可阻挡的，在艺术构思和表现手法上，都很巧妙(参见图1-10)。像《彷徨》的封面，是陶元庆设计的，上面画着一个正在下山的太阳，三个人彷徨地坐在椅子上，鲁迅对这张封面画很满意。他在1926年10月给陶元庆的信中说："《彷徨》的书面实在非常有力，看了使人感动(参见图1-11)。"30 年代，设计家陶元庆先生为许钦文的著作《故乡》设计封面，这本被鲁迅先生称之为"大红袍"的封面设计，为我国现代书籍艺术开新风之先河。

闻一多大概是第一个对现代装帧艺术理论作出探讨的人，1920年5月《清华周刊》第187期发表了他写的《出版物底封面》一文，尽管此文专指杂志而言，但也不妨看做是他后来书籍装帧设计的先声。文章主要说明出版物封面的价值,既有招引、保存、愉悦之用,又有辅助美育、传播美术之功;而中国出版物封面不发达的原因主要在于艺术不精、印刷不良、生活水平低以及以前书籍没有美术封面的习惯,补救之法是首先要从艺术上着手,即从封面的面积、图案、字体等元素全盘考虑。后来闻一多为自己的著作,还有徐志摩的《落叶》、《猛虎集》、《巴黎的鳞爪》,梁实秋的《古典的与浪漫的》等著作进行过装帧设计,用今天的眼光看,虽然有些细节有过分营造之痕迹,但大多是有功力的可赏之作。

五四新文化运动以后,经过前辈书籍装帧设计艺术家的辛勤劳动,逐步形成具有民族气质的中国现代书籍装帧艺术,标志着我国的书籍设计进入了一个新时代,在世界书林中独具特色,并不断朝着民族化与世界化一步一步地迈进。

1.1.2 外国书籍艺术起源

1. 文字的起源——外国书籍艺术的原始形态

人类自有了文字、符号、图形的记载,就开始有意识地对自然界有颜色的矿物材料进行挑选,磨制成粉刻画在山洞壁或悬崖上,形成了书籍艺术的原始形态。法国南部拉斯考克地区的山洞中发现的原始人壁画上溯到公元前15000—公元前10000年,绘画生动,但是没有特别的设计布局,绘画的元素基本上是简练的动物的形象,具有强烈的符号特征。最早的象形文字和表音文字产生于公元前4000年末期的幼发拉底河和尼罗河岸边,苏美尔人[①]用泥制成泥板,当时埃及人用海草的茎制成海草纸,在上面刻文字(参见图1-12)。

---

① 苏美尔人(也译作苏默),黄色人种,是历史上两河流域(底格里斯河和幼发拉底河中下游)早期的定居民族,他们所建立的苏美尔文明是整个美索不达米亚文明中最早,同时也是全世界最早产生的文明。

图1-12
图1-13

图1-12 5000年前苏美尔人制造的纸莎草船的船纹图章

图1-13 "汉谟拉比法典"石碑(局部)

图1-14 公元前1370年古埃及的《死亡书》　　　　　　　　　图1-15 公元前500年左右的希腊文字

第一章

电子书刊
设计

理论概述

Animation

New Media

Arts

Animation

New Media

Arts

　　两河流域的苏美尔人创造了利用木片在湿泥版上刻画的所谓"楔形"文字，出现在大约公元前3000年，最具代表性的就是"汉谟拉比法典"（参见图1-13）。"汉谟拉比法典"是世界上所发现的最早的成文的法律条文，石碑上刻满了楔形文字，全文280 条，对刑事、民事、贸易、婚姻、继承、审判制度等都作了详细的规定。法典的上部是巴比伦人的太阳神沙玛什向汉谟拉比国王授予法典的浮雕：太阳神形体高大，胡须被编成整齐的须辫，头戴螺旋形宝冠，右肩袒露，身披长袍，正襟危坐，正在授予汉谟拉比象征权力的魔标和魔环；汉谟拉比则头戴传统的王冠，神情肃穆，举手宣誓。这种把国家典律和艺术结合起来的形式，后来成为古代纪功碑的一种范例。

　　古埃及是文字的重要发源地之一。埃及人至今仍然以本身发展起来的以图形为中心的象形文字为核心从事记录书写，称为埃及"象形文字"。象形文字的原意是"神的文字"。这种被称为埃及文书的文字记录，利用横式布局或者纵式布局，文字本身是象形的，因此插图与文字交相辉映，十分精美。由于在后来的发展中，象形文字对某些抽象的意义显得无能为力，从而一部分就变成了字母。在所有古埃及的文书中，最具平面设计价值的应该是纸草文书，特别是给去世的人书写的"死亡书"，这些书大部分有精美的插图，插图与文字混合，文字纵排，具有高度的装饰性（参见图1-14）。

　　字母体系最早见于希腊地区的米诺亚文明。大约公元前1700年，象形文字被希腊语言拼音的抽象符号取代。希腊文字和手抄本的高度发展是在公元前500年左右，那是雅典的黄金时代，文学、艺术兴盛，文字更加规范，字体也更加均匀和平衡（参见图1-15）。希腊以后的罗马共和国和罗马帝国是古罗马文化的集大成者，罗马取代希腊成为古典时期的文明中心。在罗马帝国时期，书写材料主要是羊皮与纸

图1-16 公元680年前后的圣马丁福音书 《都罗之书》 图1-17 中世纪末期宗教手抄文书《奥米斯比诗篇》

草，文字已开始高度规范化。公元4世纪，罗马的手抄本具有两个明显的特征：广泛采用插图和进行书籍、字体的装饰。罗马字体的一个重要特点是出现了装饰线，并因此形成了"罗马饰线体"，使整篇文章更具完整的视觉面貌。

2. 金属活字印刷技术——外国书籍艺术的形成

中世纪利用羊皮纸替代埃及的纸草，以长方形的书页进行布局，文字采用方形拉斯提克体，插图往往采用红色作边框，宽度与文字部分相同，工整地排在文字的上方。其手抄本具有更高的象征、装饰、崇拜功能，同时书籍也出现了装饰华贵的大写的第一个字母，出现了与内容密切相关的插图。

凯尔特人具有强烈的装饰特点，色彩绚丽，往往把手写字母装饰得非常大和华贵。书籍抄本具有强烈的装饰风格，用复杂插图装饰，书籍四周有华贵的阿拉伯风格图案花边装饰，被称为"凯尔特书籍风格"。公元945年，出现了完全以图案为中心的装饰扉页，扉页采用非常工整的几何图案布局，色彩绚丽(参见图1-16)。

中世纪晚期的宗教读物装饰手抄本书籍在这一时期达到一个高峰，读者的范围逐渐扩大，手抄本的标准化成为重要的问题之一。插图往往以比较工整的方形安排在每页的上半部分，下半部分则是文字(现代字体)，采用了非常独特的具有哥特风格的"特克斯体"，字体具有比较花哨的装饰笔画的头尾，风格古朴(参见图1-17)。

文艺复兴在欧洲开始于14世纪，从文学、艺术上的特点看是将古罗马、古希腊的风格加以发挥，而实际上是欧洲资本主义的萌芽，是人文主义的发展。真正造成欧洲书籍艺术大力发展的要素，是印刷术的引入。毕昇的胶泥活字首先传到朝鲜，

第一章

电子书刊

设计

理论概述

Animation

New Media

Arts

Animation

New Media

Arts

称为"陶活字"；后来又由朝鲜传到日本、越南、菲律宾。15世纪，活字板传到欧洲。公元1439—1440年，德国人古登堡采用铅为材料，铸造字模，利用金属字模进行印刷，是最早的凸版印刷试验。在以后的试验中，古登堡改变了印刷的材料，采用亚麻仁油，混合灯烟的黑灰，制成黑色油墨，用皮革球蘸涂油墨到金属印刷平面上，取得了均匀印刷的效果。公元1456年，古登堡用活字印《戈登堡圣经》，这是欧洲第一部活字印刷品，比中国的活字印刷史晚四百年。活字印刷术经过德国而迅速传到其他的十多个国家，促使文艺复兴运动的到来。

文艺复兴时期在书籍艺术上的一个非常重大的进展，就是书籍设计逐步取代了旧式的木刻制作和木版印刷。金属活字的出现，首先造成可以把文字和插图进行灵活比较的拼合——版面设计，而插图逐渐从单纯的木刻发展到金属腐蚀版。这就是现代意义上的"排版"。欧洲最早的利用排版方式设计、带有插图的书籍出现于15世纪中期的德国，它采用古登堡金属活字印刷，加上木刻插图拼合印刷出版书籍，这种方法在当时德国很流行。15世纪末，德国城市纽伦堡成为欧洲最重要的印刷工业中心。意大利文艺复兴在设计上的一个特点是对于花卉图案装饰的喜爱，这个时期的家具、建筑、抄本都广泛地采用卷草花卉图案，文字外部全部用这类图案环绕。1498年，丢勒为《启示录》一书作了15张极其精美的木刻插图，描绘生动，线条丰富，黑白处理得当，构图紧凑，成为这个时期德国艺术登峰造极的代表作(参见图1-18)。

科学书籍和宗教书籍同时盛行，是意大利文艺复兴时期出版业的特点。玛努提斯是意大利文艺复兴时期印刷和平面设计的重要代表人物，他的书籍，少用插图，集中于文字的编排；比较讲究工整、简洁，首写字母装饰是主要的因素，往往采用卷草环绕首写字母。1501年，他首创"口袋本"，是世界上第一本采用斜体的书籍。

16世纪以后，瑞士的巴塞尔和法国的里昂成为欧洲印刷业的新中心。法国的书籍设计主要是受意大利威尼斯设计的影响，当时出版印刷上流行歌德体，有的艺术家采用典雅的罗马体，有的艺术家采用欧洲传统的木刻插图。如《人体结构》一书，采用了大量的整页插图，并配有详尽的文字说明，图文并茂，是这个时期印刷出版业的代表作品。法国在书籍艺术设计上创造了高贵典雅和华贵的风格，16世纪被称为是"法兰西"书籍设计的黄金时期(参见图1-19)。

17世纪的平面设计和书籍出版基本上基于商业的出版，出现了比较讲究实用功能的特点。17世纪在书籍设计上一个重要的突破就是世界上第一张报纸在这个时期的德国出现，即1609年开始在德国德奥格斯堡每日出版的《阿维沙关系报》。1621年，英国的第一份报纸《科兰拖斯》发行，每天两个版面，刊载当地新闻。荷兰的印刷业在17世纪也有一定程度的发展。

图1-18 【德国】丢勒《启示录—忧郁》版画

图1-19 【法国】1526年托利书籍设计中的首写字母装饰

进入18世纪，不少欧洲国家的君王对于印刷的意义和重要性有了深刻的认识，因而促进了国家和民间印刷业的发展，促进了书籍设计的发展。洛可可风格盛行于1720年—1770年间的法国宫廷。这种风格强调浪漫情调，从自然形态、东方装饰、中世纪和古典时代的装饰风格之中吸取动机，大量采用淡雅的色彩计划，也大量采用金色和象牙白色，设计上往往采用非对称的排列方法。18世纪的欧洲印刷业在字体的尺寸上是相当混乱的，除了皇家印刷厂有自己的标准外，几乎每家私人印刷厂都有自己的字体尺寸，大小不一，没有统一的标准。勒让于1737年出版《比例表格》，对于字体的大小尺寸和比例作了严格的规范。自德国古登堡发明金属活字印刷以来，英国一直没有能够在印刷和平面设计上达到欧洲大陆国家水准，18世纪开始，英国的印刷界开始努力赶超欧洲大陆，但受其他因素的影响，英国的印刷和书籍设计发展缓慢。长期以来，英国的书籍设计和印刷技术主要是受到荷兰的影响。真正开创英国自己的印刷设计和书籍设计的人物是卡斯隆，他于1720年开始从事字体的设计和铸造，并设计出"卡斯隆"体系。在英国的书籍设计中，插图的发展是从18世纪开始的，19世纪达到全盛时期，插图充满幻想和浪漫的色彩，影响了欧洲的出版业和平面设计界。到19世纪中叶，英国的书籍设计和印刷出版达到世界先进水准。

3. 工业革命——欧美近代书籍艺术的发展

18世纪中叶，英国人瓦特改良蒸汽机之后，由一系列技术革命引起了从手工劳动向动力机器生产转变的重大飞跃。蒸汽机的发明给整个欧洲物质文明带来了革命性的影响。从前，精美的日用品都是靠劳动工匠用手工做，随着19世纪制造行业以机器为主导地位的时期的到来，制造商由于采用了新式机器，因此能用过去生产一个做工精细所消耗的工时和成本制造出几千个廉价的产品，当时被赞赏的精湛技艺都被机械操作所代替。手工艺匠时期所做的精美物品，只能为少数贵族所享用，因为一件物品要花工匠相当多的时间，所以造价相当昂贵。这些手工产品设计意识淡化，大多沿用中世纪传统繁琐的装饰，缺乏灵感与生气。随着工业革命带来的机械制造优势，人们发现了适合于机器高效生产的工业产品的结构美，同时也产生了一大批为机器批量生产的专业设计家，并与原来纯粹的专业艺术家区别开来。

19世纪上半叶，英国出现了维多利亚设计风格，其最显著的特点是对于中世纪歌德风格的推崇和流行。特别是对歌德时期的道德、宗教虔诚的崇拜和向往。书籍设计风格主要追求繁琐、华贵、复杂装饰的效果，因此出现了繁琐的"美术字"风气。字体设计为了达到华贵、花哨的效果广泛使用了类似阴影体、各种装饰体，版面编排上的繁琐也是这个时期的书籍设计的特点之一。

19世纪中期及后半叶，西方出现了以英国设计家威廉·莫里斯为代表的现代设计端倪的书籍艺术。莫里斯亲自办起印刷厂，亲自进行设计艺术工作，并印刷、装订和出版了53种66卷精美书籍(参见图1-20)。其中最著名的戈尔登体是他参照了古朴美观的严肃体刻成的,这种字体强调手工艺的特点,十分美观,对印刷活字发展有很大贡献。莫里斯设计的封面十分简洁、优雅、美观,讲究工艺技巧,朴素大方,制作严谨,并且认为书籍外表必须与内容具有精神上和艺术上的统一,尽力推崇展示生活与艺术相融合的书籍之美。

19世纪后期,英国出现了设计改革运动,提倡用手工艺生产表现自然材料,以改革传统形式,反对粗制滥造的机器产品。艺术评论家约翰·拉斯金和艺术家、诗人威廉·莫里斯发起的英国"工艺美术"运动,以及随后法国发展的"新艺术"运动和"装饰艺术"运动,对西方各国的设计起到了促进和推动作用。最能充分表现新艺术独特的是缪夏(Alphonse Mucha),他的插图以海报及书本的装潢最为出名,画中人物的脸与肌肤是理想化的写实风格,而衣裳与背景则是用华丽的曲线造型(花草图案)来装饰(参见图1-21)。

1919年,格罗皮乌斯创办了德国"包豪斯"(Bauhaus)学院。包豪斯在以后10年间成为欧洲发挥艺术创造才能的最好中心。包豪斯设计学院提倡的构成主义以莫霍里·纳吉(参见图1-22)、赫伯特·拜耶等为代表,他们所进行的视觉传达设计的创造性革新,将造型的视觉理论的新成果应用于书籍设计中。拜耶致力于创造简单的书籍版面和字体,并广泛采用刚刚出现的彩色摄影来设计封面和插图,创造出了简

图1-20　【英国】威廉·莫里斯《坎特伯雷故事》封面　　　　　图1-21　【捷克】缪夏《圣经》封面

第一章
电子书刊
设计
理论概述

Animation
New Media

Arts

Animation

New Media

Arts

练的"拜耶体"的无饰线字体系列，形成了非常功能化的形式。在印刷领域中，还出现了没有轮廓的投影字字体以及呈包豪斯印刷物特征的黑体活字；另外，广告美术领域引入超现实的构成原理，都给当时的版面带来了活跃因素。

自19世纪英国工业革命运动时期书籍艺术的灵魂人物威廉·莫里斯开始，到强调编排理性化的包豪斯理念；从20世纪追求机械动力主义和速度感的意大利未来派书籍设计风格，到表现内心情感的德国表现主义书籍设计；从潜意识关注周围世界的超现实主义设计风格，到在俄罗斯兴起的具有革新意义并成为现代书籍艺术起点的构成主义运动；从流行于法国艺术大师们独行其事的书房潮，到书籍原有形式的解体，注入动感的物化新形态书籍的创造，都体现了欧美近代书籍设计者们在书籍装帧艺术方面的发展与探索。

1.2 新理念的诞生——电子书籍艺术

自20世纪中期起，科技有了长足的进步，1945年原子弹爆炸，1957年人造卫星升空，标志着人类进入原子能和航天时代。至20世纪60年代中期，航天技术和电子计算机技术的突飞猛进，新材料、新能源争相开发，预示着电子时代的到来。70年代至80年代初，是新技术革命在广度和深度上都得到迅速发展的阶段，且出现了把新技术革命的成果广泛用于民用领域的新特点。最令人震撼的是60年代以来迅猛发展的计算机技术和80年代以来的网络技术，它以迅雷不及掩耳之势，挺进人类艺术领域。多媒体网络正向着信息社会的各个领域迅速渗透，它将给人类带来哪些

第一章
电子书刊
设计
理论概述

Animation
New Media

Arts

Animation

New Media
Arts

变化，目前是不可估量的。或许，今天多媒体与互联网已是我们生活中必不可少的链接。在飞速发展的信息时代，在日新月异的互联网时代，技术的发展改变着人们的交流与沟通方式。多媒体网络技术是90年代的时代特征，是电脑领域里的又一次革命。人类五千多年文明流传下来无数艺术瑰宝和思想文化遗产，网络成为人们接触、享有这些文化遗产的新兴媒体。互联网络上的文化信息同其他信息一样庞杂无比，无奇不有。互联网络为上亿网民提供了如恒河沙数的各类艺术资料信息，与此同时，一种以这种新兴媒体为载体、依托、手段，以网民为接受对象，具有不同于传统艺术特点的新的艺术样式——电子书籍艺术悄然勃兴。电子书籍艺术是一种新型的艺术样式，作为人类与社会之间产生的精神食粮，它无疑符合时代发展和社会需要，蕴含的全新内涵体现着人类发展的精神取向，其艺术特征是朝着多元化、多样式、多思维共存的方向发展的。

1.2.1　互联网的发展历程

1. 互联网的概念

关于互联网，至今没有统一的定义。人们通常认为计算机网络是指一种在网络协议的控制下，由一台或多台计算机，若干终端设备、数据传输设备、通信控制处理机等各自具备独立处理功能的计算机系统组成的集合，它们以"相互共享资源"的方式而连接起来。事实上，互联网把分布在全球不同地区的计算机或计算机网络，通过通信设备、通信线路、终端终点实现全球互联，形成全球性的计算机网络，以实现资源共享、信息交流的目标。现在的计算机网络一般由通信子网和资源子网组成，通信子网如同集线器与网络的连接，资源子网如同具有独立处理功能的主机，相互连接的子网个体形成了一个庞大的信息网络。

2. 互联网的发展

计算机和网络技术最初是由军队研发，为军事服务的。20世纪60年代，美国军方处于两种动因大力资助网络技术的研究。一方面美国军方在几个计算中心的一些大型计算机要让异地军事研究人员使用，使得这些大型计算机的硬件软件资源能够得到共享；另一方面在冷战时期为应付核战争的需要，一旦遭受严重破坏的城市没有一种有效的信息传播方式，军方和政府之间的联络将会很困难，因此美国国防部高级规划研究局ARPA(Advanced Research Projects Agency)创立了。

由于最开始互联网是由政府部门投资建设的，所以它最初只是限于研究部门、学校和政府部门使用。除了以直接服务于研究部门和学校的商业应用之外，其他的商业行为是不允许的。90年代初，当独立的商业网络开始发展起来，这种局面才被打破。这使得从一个商业站点发送信息到另一个商业站点而不经过政府资助的网络中枢成为可能。

现在，全球每时每刻大约有数千万人在互联网上漫游、交流和工作，网上每24小时的信息流量达到万亿比特。事实上，互联网的作用和影响力将大大超过计算机的范畴，它正在逐渐形成一个互联网上的虚拟社会。电子商务、网上竞选、网上购物、可视会议、黑客与数字化犯罪、电子金融、虚拟技术、数字图书馆等一系列与互联网有关的概念的普及，表明互联网络已经渗透到政治、经济、法律、艺术等社会生活的各个方面。毫无疑问的是，随着计算机的日益普及，联网的人越来越多，网络将进入人们的日常生活，逐渐改变人们的生活方式。人们将会把现在看报及看电视的时间，改用来上网。比尔·盖茨相信，现在政府的所有印刷资料及所有纸张表格，都将会改由互联网处理，而网上生活方式，也将演变成每个人的生活方式。网络文化，已经成为20世纪末期人类文明星空中最耀眼的一颗新星。

1.2.2　多媒体的发展历程

1. 多媒体的概念

"多媒体"一词是由英文"Multimedia"翻译而来，对于多媒体的概念，不同行业的人会有不同的理解。我们首先要区分媒体和媒介的概念。在艺术创作和信息传播的过程中，所运用不同的技术、手段，使双方发生关系的人或物，我们称其为"媒介"。媒介可以是画、雕塑、报纸、书籍、电影、电视机、广播、计算机等。艺术信息通过媒介传播出去并产生效果，这时，产生效果的这个信息的载体和形式，被称其为"媒体"。媒体是媒介所具有的特性：声音、文字、图形、影像、造型、色彩、数据等。例如我们看电视时，看的是电视里面的影像所带来的信息，而不是电视机。区分了媒体与媒介的概念，我们就明白了媒体是信息的载体，那么，多媒体的概念同时也随着媒体科技的进展而不断变化。每个时代对于"多媒体"的含义都有所差异：在20世纪80年代，当人们提到"多媒体"时，指的多是录音带、录音带配合同步播放的幻灯机等，以微电脑控制各幻灯机及声音播放次序的媒体则称为幻灯机多媒体；进入90年代后，随着科技的进步，电脑不仅从黑白进入彩色时代，更增加了直接储存、处理、控制影像声音的功能，使得"多媒体"一词的含义已转变为电脑多媒体。多媒体技术是使用计算机交互式综合技术和数字通信网络技术处理多种媒体——文本、图形、图像、视频和声音，使多种信息建立逻辑连接，集成为一个交互式系统，其涵盖的内容相当广泛。

2. 多媒体的发展

多媒体的概念产生于20世纪末，是基于计算机技术发展起来的，其目的是最大限度地利用计算机的能力来服务于个人表达。科学家在"二战"后一直追求一种能够将个人计算机赋予人机互动的功能，以此达到为人类扩展记忆、增加知识扩大才智以及增强创造性的目的。

第一章

电子书刊
设计

理论概述

Animation

New Media

Arts

Animation

New Media

Arts

多媒体技术初露端倪是在X86时代，如果真的要从硬件上来印证多媒体技术全面发展的时间的话，准确地说应该是在PC上第一块声卡出现后。在没有声卡之前，显卡就已经出现了，至少显示芯片已经出现。显示芯片的出现自然标志着电脑已经粗具处理图像的能力，但是这不能说明当时的电脑可以发展多媒体技术，声卡的出现，不仅标志着电脑具备了音频处理能力，也标志着电脑的发展终于开始进入了一个崭新的阶段：多媒体技术发展阶段。1988年MPEG(Moving Picture Expert Group, 运动图像专家小组)的建立又对多媒体技术的发展起到了推波助澜的作用，多媒体时代终于到来。

自20世纪80年代以来，多媒体技术的飞速发展受到世人瞩目，首先值得一提的是1984年Apple公司推出的Macintosh机器引入了位图(Bitmap)的概念并使用图符(Icon)作为与用户的接口。在这个基础上进一步发展，特别是在1987年8月引入了"超卡(Hypercard)"之后，使Macintosh成为使用方便、能处理多种媒体信息的计算机，从而使它成为当时唯一能与IBM公司的PC分庭抗礼的计算机。

1986年3月，Philips和Sony联合推出了交互式紧凑光盘系统CD-I (Compact Disc Interactive)。该系统把各种多媒体信息以数字化的形式存储在容量为650M的只读光盘上，用户可通过交互的方式来播放光盘中的内容。

1987年3月，RCA公司推出了交互式数字视频系统DVI (Digital Video Interactive)。它以计算机技术为基础，用标准光盘来存储和检索静止图像、活动图像、声音和其他非常规数据。

进入20世纪90年代后，随着多媒体各种标准的制定和应用，极大地推动了多媒体产业的发展。与此同时，涉及多媒体领域的各种软件系统及工具，也如雨后春笋般层出不穷。这些既解决了在多媒体发展过程中必须解决的难题，又对多媒体的普及和应用提供了可靠的技术保障，并促使媒体成为一个产业而迅猛发展。由于多媒体计算机是在计算机的基础上融合了高质量的文本、图形、图像、音频、视频等多种媒体而组成的软硬件系统，并能进行远程通信；具有集成化、交互性和数字化的优点，把生硬、刻板的字符通信转化为生动、活泼的图形、图像、声音，模拟出一个真实的人的交流环境，再加上广播电视系统的全面数字化，其结果使广播、电视、通信与计算机业务一体化。多媒体技术的开发和应用，使人类社会工作和生活的方方面面都沐浴着它所带来的阳光，新技术所带来的新感觉、新体验是以往任何时候都无法想象的。

1.2.3 电子出版物的兴起

20世纪对于人类是一个重大的转折时代，工业革命的迅速发展，促成了世界性的经济繁荣，人类的生活质量和精神面貌有了更进一步的提高。随着新科技革命和信息社会的到来，科学技术日新月异，人类越来越不满足仅仅是现实所提供的某些物质条件，近乎于持一种挑剔的态度去接受经济高度发达的物质性、精神性的享受。而当今的书籍艺术，也只有在不断更新与提高的基础上，才能符合时代的需要。多媒体技术和网络技术的各种特征为书籍艺术创造提供了许多新的可能性和机会，多媒体技术为各种媒介的整合提供了技术可能，网络媒体本身的非线性和互动性又为书籍艺术家提供了更广泛的表现空间，20世纪90年代电子书籍艺术的崛起是电脑多媒体技术和网络技术普及的必然结果。

中华人民共和国新闻出版总署在2008年2月21日颁布的《电子出版物出版管理规定》中，将电子出版物定义为：是指以数字代码方式，将有知识性、思想性内容的信息编辑加工后存储在固定物理形态的磁、光、电等介质上，通过电子阅读、显示、播放设备读取使用的大众传播媒体，包括只读光盘（CD-ROM、DVD-ROM等）、一次写入光盘(CD-R、DVD-R 等)、可擦写光盘(CD-RW、DVD-RW等)、软磁盘、硬磁盘、集成电路卡等，以及新闻出版总署认定的其他媒体形态。电子出版物所涉及的领域比传统以纸质为媒体的出版物要广得多，对人类的影响也要大得多。随着科学技术的不断进步，电脑的功能越来越强，而价格却越来越低，而且网络技术也越来越成熟，电脑已逐渐进入家庭，成为一种生活的必需品，电子出版物时代已悄然来临。

1. 电子出版物的种类

电子出版物的类型有几种不同的划分方法，按出版类型可分为电子书、电子光盘书、电子报纸、电子期刊等。

（1）E-Book(电子书)

电子书又称E-Book，是将书的内容制作成电子版后，以传统纸质书籍1/3~1/2的价格在网上出售。购买者用信用卡或电子货币付款后，即可下载使用专用浏览器在计算机上离线阅读。电子图书不同于现在网上的免费在线阅读，它是与纸质版同步推出的最新书籍，所以阅读它要支付一定的费用，与光盘图书不同，E-Book是基于因特网购买的。电子书的功能：可以订阅众多电子期刊、书和文档，从网上自动下载所订阅的最新新闻和期刊，显示整页文本和图形，并通过搜索、注释和超链接等增强阅读体验，采用翻页系统，可像纸质书那样翻页，随时把网上电子图书下载到电子阅读器上，也可以将自己购买的书和文档储存到电子阅读器上。电子书是传统的印刷书籍的电子版本，它可以使用个人计算机或用电子书阅读器进行阅读。它流行的原因就是因为电子书允许进行类似纸张书本的操作——读者可以在某页做书签，记笔记，对某一段进行反选，并且保存所选的文章。另外，电子书阅读器还包括内置字典、可变字体和样式。电子书的主要格式有PDF 、EXE 、CHM、 UMD、PDG、 JAR、 PDB 、TXT等，很多流行移动设备都是支持其阅读格式的。目前网上提供较多的是PDF格式的书籍下载，现在手机电子书逐渐流行起来。

（2）E-Disc Book(电子光盘书)

电子光盘书是计算机、视频、多媒体等高技术与现代出版业相结合的产物，它将文字、声音、图形、图像、动画、视频等多媒体信息集成在磁、光、电介质上，其内容丰富多彩。目前，多媒体电子光盘书正在教育、百科、旅游、娱乐等领域崭露头角。其传播媒体形态，包括软盘、只读光盘、交互式光盘、图文光盘、照片光盘等。许多大型百科全书已制成光盘备用，幼儿识字、算术、智力开发方面的读物也越来越多，小学、中学各科辅导读物也被制成了磁盘或者光盘。

（3）E-Newspaper(电子报纸)

电子报纸最初指传统报纸的电子版，后来电子报纸逐渐演变成信息量更大、服务更加充分的网络新闻媒体。电子报纸必须具备两个条件：一要有固定出版周期和栏目结构等传统印刷报纸的特征；二要通过电脑等阅读设备阅读，并依靠互联网发行。电子报纸最初由美国《哥伦布电讯报》于1981年推出。读者家中装有与电脑中心连接的电脑终端，电脑可同时提供多种报纸内容，由读者选看。

（4）E-Magazine(电子杂志)

电子杂志是近年来随着计算机事业的迅速发展，特别是由于计算机跨入多媒体世界而出现的一种新型出版物。从目前看来，电子杂志的发展大致经历了三个阶段：第一阶段是传统杂志简单的数字化，即许多杂志的网络版；第二阶段是数字媒体的杂志化，即以特定的主题定期筛选和组织网络内容，并以专题形式发布的电子杂志；第三阶段是内容和形式的多媒体化，强调互动性的电子杂志。目前，第三代电子杂志即多媒体电子杂志正步入快速成长阶段，以POCO、ZCOM、Xplus为代表的一批电子杂志平台凭借巨大的发行量、富有特色的内容、领先的业务模式获得了来自国内外等机构的数千万美元的风险投资。由于电子杂志借以存在的载体发生了根本性的变化，已不再是普通的凸版纸、胶版纸，而变成了磁盘或光盘，这就使得电子杂志与一般的纸媒杂志相比，具有无可比拟的优越性。电子杂志的迅速崛起，挤占着传统杂志的生存空间。电子杂志在各种传媒系统（如电视系统）和计算机网络上的出现，已经打破了以往的发行、传播形式，也打破了人们传统的时空观念，它更加贴近人们的生活，更加密切了人与人之间思想、感情的交流，更好地满足了新时代人们对文化生活的更高要求。在视觉上，它比传统的杂志更具冲击力，视觉充满动感和层次感，翻阅时配有或酷或雅的背景音乐，将读者的感官充分调动起来。除此之外，它还能与翻阅者进行充分的互动，通过动感画面的穿插，让观者可以像玩游戏一样地看杂志，在轻轻地鼠标点击中颇有趣味地进行阅读，翻阅一本制作优美的"电子杂志"，本身就是一种美妙的享受。

2. 电子出版物的特点

第一章
电子书刊
设计

理论概述

Animation
New Media

Arts

Animation

New Media
Arts

书籍，是人类进步的阶梯。随着科学技术的发展，书籍从兽骨、竹简、树皮、羊皮到布帛再发展到纸张，从镌刻、手书、雕刻版、活字版、铅字再发展到计算机排版。电子出版物的产生，使传统的印刷出版物经历着一场革命，使人们阅读方式发生变化。电子书籍成为新一代出版物，它以图、文、声、像并茂、信息量大、检索和交互功能强、出版周期短、成本低和体积小、重量轻、价格低等出版优势而深受广大读者喜爱。

（1）媒体信息超链接

电子出版物具有信息多层显示功能，采用超文本置标语言HTML(Hyper Text Markup Language)时，超链接就成为HTML文档的重要特性，也是电子书籍区别于传统书籍的主要特征。

所谓超文本，是指文档中的信息可以自然地链接，不像纸文本那样必须将结构分层归纳成书。超义本系统允许电子书籍的设计者和制作者将相互间存在某种关系的信息链接起来，穿过文档中包含文本的信息路径，注译现有文本或指向相关的文本。超媒体是超文本的扩展。考虑到电子书籍中还可以包含除文本外的所有其他数字媒介，例如图形、图像、视频、音频和动画等，那么链接的对象就不能只局限于文本，而应该使电子文档具有更强的智能。作为超链接的一种应用形式，利用文本的超链接功能可实现Web文档之间的互连，即通过单击超链接标记可以跳转到特定Web站点上的某一页。因此，电子书籍的设计者可以利用超链接技术使Web文档连成类似"蜘蛛网"的形式，有助于文档内容的检索。超链接可以很容易地辨认出来，因为在Web文档中已经产生超链接的文字与其他文字有颜色或装饰属性的不同。

（2）媒体演示控制

大多数电子书刊借助于计算机或具备类似功能的设备来阅读，其信息载体通常为硬盘或光盘，而计算机对保存在硬盘或光盘上的内容采用随机的方式来寻址，则电子书刊的阅读也具备随机跳转的特点。因此，电子书刊的阅读不必像纸质书刊那样采用顺序阅读的方法，而是非线性阅读方式，在超文本链接或超媒体链接功能的支持下，可以随机跳转到感兴趣的位置，需要时则可以立即返回原处。

为及时了解和掌握视频的播放时间进程和音频的音量，用户可通过界面设置的时间信息提示和音量信息提示，随时进行调整和控制。

（3）媒体信息传递

在一部多媒体电子书籍中，用户可以为一个既定目的，在适当时刻得到所需要的信息。用户可以查阅背景材料，浏览图文并茂的多媒体信息，通过多种通道传递信息。各媒体（特别是文字媒体和语音媒体）都可具有相对独立承载作品的主要内容。用户可通过单媒体通道或多媒体通道方式阅读作品。作品以菜单方式表示各媒体的存在和结构组织，用户根据自己的需要自选菜单进行阅读和浏览，充分体现了

第一章

电子书刊

设计

理论概述

Animation

New Media

Arts

Animation

New Media

Arts

多媒体电子书籍的人机交互特点和优势。在信息的传递上，用户可以随时发布最新新闻，而传统媒体必须等待下次出版时再发布。在线的用户可以参加读者评论和讨论，甚至直接与作者交谈。

（4）媒体信息检索

在信息检索方面，对传统读物进行检索，靠的是手翻目视，费时又费力，而且可靠性差，电子书籍使信息的检索方便而且灵活，用户可按时间、关键词等方法进行综合信息检索。在多媒体电子书籍中以数字的方式记录内容信息，存储量很大，为方便用户能随时并迅速在众多的信息中查询和选择阅览，作品设置了灵活的目录检索和信息导航系统，如同书籍的目录。

（5）媒体信息储存

电子出版物在容量上数百倍于印刷出版物。电子书大量涌现，使得传统的新闻出版业遭受了前所未有的冲击，首当其冲的是百科全书等工具书和儿童读物。1993年出版的洋洋12卷的中国有史以来规模最大的汉语辞书《汉语大词典》，1998年9月被浓缩于一张光盘中。光盘收入了29万多条汉字、34万多条复词、23万多条成语、51万多项释义、40多万项汉字信息、1万多张关联字表、500多幅图片等。光盘采用23种查询方法，使用男、女声标准普通话发音。一张《中国大百科全书》只读光盘收入12亿字、10万幅照片，不到100元，同样内容的印刷版《中国大百科全书》全套76本16开的书，重达几十公斤，字数达6千万。《当代中国美术家》光盘就收录了4000位美术家的图文资料，计150万字、8000幅美术作品、10分钟录像；《中国摄影家》光盘收录了近5000位摄影家的图文资料，计300万字、15000幅作品、10分钟录像。比起传统的印刷读物，电子出版物容量大、功能全、检索快，更便于保存与携带。一个小小的名为《中国现代散文精品》光盘，就收录了中国现代100余位作家的精美散文作品1000多篇、作家各个时期的珍贵照片400多幅、新闻图片100多幅、现代作家著名格言200多则以及与之相配的漫画作品200多幅。

以木、石、竹、铜为文字载体的时代，上百册藏书就能够"汗牛充栋"；以印刷纸张为文字载体的时代，一位作家、学者勤奋写作，著述甚多，能够获取"著作等身"的赞誉。今天，一位作家毕其一生写作，其全部作品也许只能占据一张薄薄的5寸光盘的一个小小的角落。

第二章

电子书刊艺术设计原理

2.1 电子书刊脚本设计

在我们的日常工作学习中，大量的信息使人们难以从中筛选出有用的部分，信息视觉化与信息体验化，通过特别的信息导航，使用户能够从中得到更深层次的理解，更快地做出决定。脚本设计是对各种信息的设计，包括书籍信息、流程控制的信息等，还应考虑各种信息的排列、显示和控制，以及信息处理中的各种编程方法和技巧。在脚本设计中，需要对电子书籍内容的选择、结构的布局、视听形象的表现、人机界面的形式、解说词的撰写、音响和配乐的手段等进行周密的考虑和细致的安排。电子书籍的脚本不同于电影和电视剧的脚本，但同样要突出画面气氛，利用蒙太奇手法，并考虑场景特点等；在脚本中还要包括与画面匹配的背景音乐和声响效果等。创造性地使用多媒体环境，将会使应用程序功能大大增强。

电子书籍的脚本设计是电子出版物能否成功地推向市场并获得回报的关键，为此，参与脚本设计的人员应对电子书籍的信息表示、信息记录和信息传播等方面的特点有深入的理解。创作脚本是电子书籍创作工作中重要的基础性工作，其质量和水平会直接影响到电子书籍的效果。

2.1.1 脚本设计的特点

电子书籍脚本是根据多媒体自身的媒体表现形式和使用方式而进行设计的。其设计有三大要素：界面式的主体结构形式、有层次的内容组织、功能与媒体的设计安排。

1. 界面式的主体结构形式

页面与页面相连接，构成了完整的作品，作品的全部内容通过分类而形成不同的版块，版块的首页以界面形式展示(参见图2-1)。

2. 有层次的内容组织

电子书籍脚本按照内容的分类分别构成了各自的系统，而且按照分类中的标题大小和内容顺序进行组合排列(参见图2-2)。

3. 功能与媒体的设计安排

作品需要借助不同的使用功能和媒体形式浏览，将不同的功能设计和媒体形式

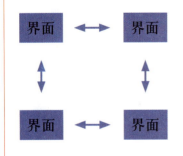

图2-1 脚本结构形式图

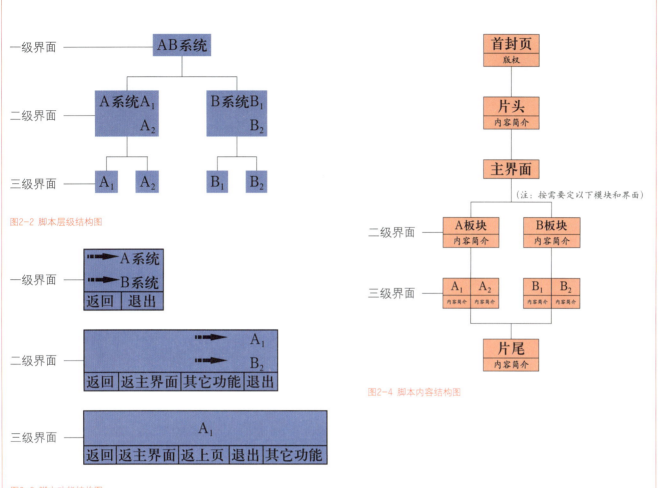

图2-2 脚本层级结构图

图2-3 脚本功能结构图

图2-4 脚本内容结构图

第二章

电子书
艺术设计

原理

Animation

New Media

Arts

Animation

New Media

Arts

安排标示在不同的级层版块上(参见图2-3)。

2.1.2 脚本系统

　　脚本系统是工作蓝图,在作品制作中要让每位合作者清楚自己要做什么,找到自己的位置,了解工作的每个细节。因为要在制作工作中充当多个角色,即使是个人独立完成一个节目,也应该有一个清晰而出色的工作蓝图。

1. 内容结构系统

　　用图表来表示作品内容的主体版块构架,反映了作品的中心内容和内容的结构体系、结构层次和结构关系;反映了内容的信息量(参见图2-4)。例如,以弘扬中华精神、展示武术文化的《武林雄魂》,当我们进入主界面后,展现在我们面前的是作品内容的两根主干——"武林雄风"和"武术之魂"。这两根雄健的主干与作品底层的3级51条内容枝干相连接,构成了气势宏伟、严谨、端庄的内容框架。由于作品采用了"开门见山"的树状结构,给人留下了深刻的印象。《中国皮影戏》采用的是另外一种结构方式。为表现皮影戏这一古老、淳厚和富有乡情的民间戏曲艺术，作品设计了"人"、"影"、"戏"三个内容版块。这三个版块分别与三个底层的40条内容相连接，构成了作品的内容结构，看上去版块鲜明、结构充实。由于采用的是三影变幻、菜单显示形式，突出了皮影戏"影"的特点。

2. 媒体结构系统

用图表来表示的作品的媒体构架，反映了媒体在作品中存在的形式和结构体系。设计者如同军事指挥员，需要组织协调各媒体，充分发挥不同媒体的信息传播优势，发挥集中媒体的整合优势。媒体的设计不是孤立进行的，也要依据内容结构的需要。由于作品的类型不同、题材不同、使用功能不同，因此需要根据实际情况而进行设计(参见图2-5)。

在操作系统中加入图像和动画可使含义不清的内容变得清晰易懂，有时一幅好的图像可以比文字更有效地传递信息。为了使系统前后一致，应制定一个全面的规则，以说明在系统中如何显示图形、图形在屏幕上的定位，是否需要边框、图形的颜色数、图形的大小以及其他因素。虽然音频片段可以大幅度提高多媒体作品的功能，但必须确定所使用的音频内容都是易懂的，音量适中并与其他声音在质量和风格上保持一致。

3. 文本系统

作品的界面、页面上需要显示所有文字、数码及符号和用于作品解说录音时使用的文字(参见图2-6)。如作品有外文版本，还应有外文的文本。脚本文字和语言创意设计要求文字表达"语不惊人死不休"，文字组织准确、优美、感人、高效。

4. 功能结构系统

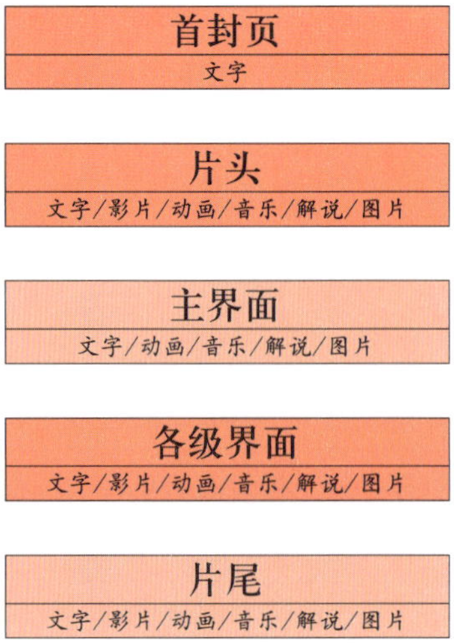

首封页
文字

片头
文字/影片/动画/音乐/解说/图片

主界面
文字/动画/音乐/解说/图片

各级界面
文字/影片/动画/音乐/解说/图片

片尾
文字/影片/动画/音乐/解说/图片

图2-5 脚本媒体结构图

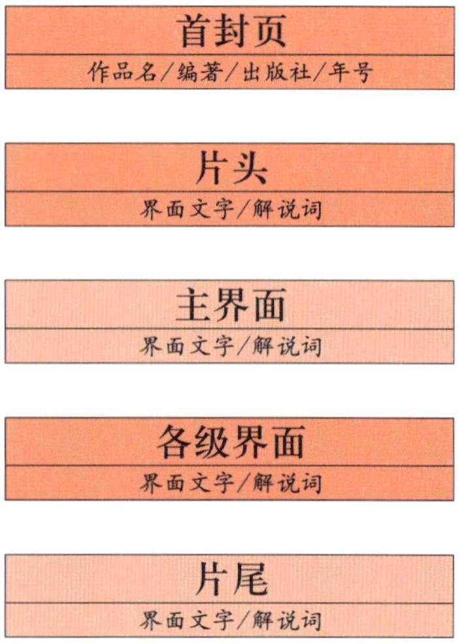

首封页
作品名/编著/出版社/年号

片头
界面文字/解说词

主界面
界面文字/解说词

各级界面
界面文字/解说词

片尾
界面文字/解说词

图2-6 脚本媒体结构图

第二章

电子书
艺术设计

原理

Animation

New Media

Arts

Animation

New Media

Arts

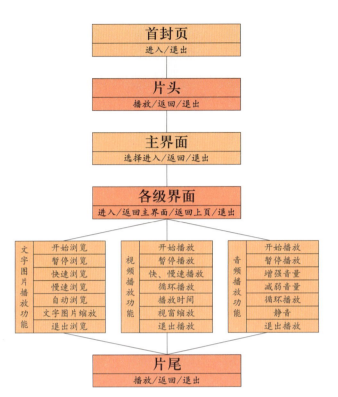

图2-7　脚本功能结构图

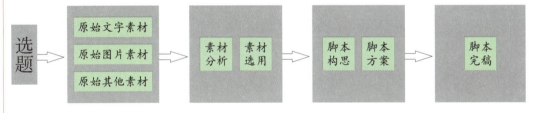

图2-8　脚本设计工作流程

　　用图表来表示的作品具有的功能主体构架，反映了作品中的功能结构体系和作用。一般功能(必须要具备的功能)有以下几种：链接功能、交互功能、导航和检索功能、进入和退出功能、返回功能、停止功能、热区和热链功能(参见图2-7)。特殊功能(特殊需要开发的新功能)有以下几种：自动浏览功能、帮助功能、选页功能、视频时间控制功能、音量调节功能、视窗放大功能、音效功能、超文本和超媒体功能、上网功能、打印功能、视窗转移功能。

2.1.3　脚本设计的工作流程

　　脚本设计人员需要广泛收集与选题有关的资料，包括文字、图片、影像、音乐等，只有在占有大量资料的前提下，才能为后面的脚本构思和编辑提供条件图(参见图2-8)。脚本设计可根据内容需要分配所要表达的媒体，这里要特别注意媒体间的结合与区别。要做到这一点,需从如下几方面考虑：第一，人们在问题求解过程中的不同阶段对信息媒体有不同需要。一般在最初的探索阶段采用能提供具体信息的媒体如语音、图像等，而在最后的分析阶段多采用描述抽象概念的文本媒体。而一些直观的信息(图形、图像等)介于两者之间，适于综合阶段。第二，媒体种类对空间信息的传递并没有明显的影响，各种媒体各有所长。第三，媒体结合是多媒体设计中需要研究的新课题。媒体之间可以互相支持，也会互相干扰。多种媒体应密切相关，扣紧一个表现主题，而不应把不相关的媒体内容拼凑在一起。第四，目前，媒体结合在技术上主要通过在一个窗口中提供多种媒体的信息片段(空间结合)和对声音、语音、录相等随时间变化的动态媒体加以同步实现(时间序列组合)。第五，媒体资源并非越多越好，如何在语义层上将各种媒体很好地结合以更有效地传递信息，是要很好地探索的研究课题，也是应用系统人机界面设计的关键问题。

脚本设计人员需要对素材进行认真分析和解读。理想的素材是制作优秀电子书籍的基础，素材使用的优劣直接关系到电子书籍的优劣。制作人员应建立一个素材库，平时要注意积累制作电子书籍所需的素材，并且进行登记和分类保管。电子书籍素材的来源主要有以下几种方式：

1.素材收集

（1）自己制作

在平时空闲的时间里，可以制作一些原始的或相对稳定的素材，例如，用Flash制作一些简单适用的动画，用Word或Photoshop制作一些常用的箭头或理、化实验中的实验器具，用数码相机摄制各种生活素材。

（2）利用光盘上的素材

现在市面上有许多基于多媒体的素材光盘，与书籍相对应的风景、建筑、人物以及音频、视频等素材琳琅满目。另外，要在电子出版物评比、素材交流中留心收集优秀的成品或半成品素材。

（3）利用网络资源

自己制作素材或利用光盘上的素材都存在一定的局限性，而在Internet上，可以说不同学科、不同类型的素材应有尽有。平时，一方面我们可以下载一些可能用得着的优质素材；另一方面要留心对一些提供大量素材的网站加以登记，记下网址，制作设计缺某些素材时，就可以有目的地直接到该网站上去搜索、查找、下载，当然使用时要注意版权问题。

2.制订脚本方案

把有价值的素材，特别是对形成构思可能产生影响及珍贵的素材提取出来作为备用。需要投入大量的精力和时间，要对有价值的素材进行深入研究，以触发灵感和想象。同时，也要研究其他相关的作品，从中得到启示。在具有了基本的构思

第二章
电子书
艺术设计

原理

Animation

New Media

Arts

Animation

New Media

Arts

后，可着手进行脚本方案的制定工作。方案的制订需要反复推敲和修改，并广泛听取各方面意见，最后确定方案。在后期的作品制作过程中，脚本还有可能产生调整。为此，脚本的设计工作要一直延续下去，直至作品的全部完成。

2.2　电子书刊封面设计

电子书籍的封面设计好比人的一张脸，应该"形神兼备"。直观的静止之美和流动之美，把外形和神态结合在一起，就是形神兼备、具有生命力的书籍。电子书籍造型正在向更多地观照传统和文化的方向发展，并为创造出形神兼备的、具有生命力和保存价值的书籍而努力。它使处于纷繁复杂的信息时代的人们体会到更加深切的人文关怀。传统书籍两千多年的发展历史，为设计师们提供了丰富的造型。中国古代的书籍艺术，仍然是指引中国书籍设计进步的重要航标之一，作为伟大的发明造纸、活字印刷的中国古人，其书籍艺术的创造，依然有超越时代的价值。因此，传统的书籍设计原理成为新的设计语汇，并不断地被电子书籍借鉴。构建新的电子书刊艺术设计原理是电子书刊应对时代变革的重要手段之一。

封面的种类很多，一般的光盘类电子书籍、电子书、电子杂志、电子企业简介、电子商品目录等制作物均有封面，而封面主要是将书籍、刊物的内容、主题透过视觉整合设计加以传达给大众，又因其是与读者、消费大众沟通的最前线，所以很受重视。对于封面的设计表现则因被设计物的主题、内容、刊物性质、诉求不同而有所差异。以一般的电子书籍封面设计为例，书集知识、资讯为一体，是传达给大众的重要媒体。而书除了是一种信息的传播媒介外，更是一种商品。既然是商品就必须要能吸引读者，赢得读者阅读此书的欲望。其中，电子书籍的封面设计可说是书籍与读者直接接触、沟通的桥梁，许多读者常常是受封面设计的吸引而引发阅读的兴趣。由此可知，封面设计的成功与否对电子书籍设计而言是非常重要的。

2.2.1　封面设计的界定

在了解封面设计的定义前，必须先理清"装帧"与"封面"的关系。所谓"装帧"指的是电子出版物的装潢设计，主要可分为两部分：一是书的形态，主要决定电子书籍的大小、包装方式、界面的版面构成、排列方式；二是设计电子书籍的外表，即封面、封底、书背等电子书外表的设计，其在设计制作中除了要发挥容器的包装保护功能外，更要向读者宣传电子书籍的内容。而所谓的"封面"指的是电子书籍的表皮。封面可说是电子书籍内容的解说员，其负责将电子书籍内容转化为视觉语言，以传达给读者。所以严格来说，封面设计只是电子书籍装帧中的一个环节而已。

对电子书籍来说，装帧计划是整体性的，必须从基本的设定、多媒体技术条件、动态数据到外观的美化包装，各方面做全盘的考量、计划，如此才得以提升电子书籍的装帧水平。同样，一件成功的封面设计绝非单纯、浮面、华而不实的美化工作，必须建立在一个具有完整的电子书籍装帧计划下，这样的设计行为才可以称为"封面设计"。所以千万不要将电子书籍封面设计误解为简单的光盘表皮设计，因为这只能称得上是表象的装饰美化，永远无法将封面之于电子书籍的角色功能发挥到至善至美。

一般谈电子书籍封面设计都会将范围、对象局限在电子光盘的封面设计上，但并非只有电子书籍才有封面，像电子杂志、电子商品目录等也都有封面，所以在本书中，刻意将封面的范围与对象扩大到所有电子出版物上，希望读者在不同性质的封面设计中，体会不同的设计主题与封面设计的关系。

2.2.2 封面设计的特色

当电子书籍作为文化商品的时候，主要靠封面来吸引读者。封面是电子书籍与读者之间沟通的媒介，通过封面的文字与艺术设计形式，告知读者该书的内容和主题，封面设计的告知性主要是指封面上各种形与色的视觉强度以及认知度。虽然电子书籍封面具有广告的功能，但封面的广告性毕竟不同于一般的商品包装和商业广告，也不像商品宣传卡那样直观。它是一种精神产品，既要宣传自己，引起注目，但又不是靠大喊大叫、搔首弄姿来招揽顾客，而是靠自己含蓄典雅的魅力、独特的意境和鲜明的视觉化形象来征服读者，通过封面将想要表达的一种信息传达给读者，调动读者的想象，诱导其购买，从而在精神上得到满足。如乔尔·洛萨诺工作室的设计作品《葡萄酒商店心情》，用大胆的葡萄酒色和单纯的抽象图形一起创造出简洁、诚实的封面，以向读者显示出葡萄酒商店的心情就是这样（参见图2-9）。

图2-9 【西班牙】乔尔·洛萨诺工作室《葡萄酒商店心情》

第二章

电子书
艺术设计

原理

Animation

New Media

Arts

Animation

New Media

Arts

电子书籍封面设计与一般的纸制书籍的封面设计，在创意表现上可说大同小异。虽然只是小小的不同，但对于封面设计而言，却是很重要。电子书籍封面设计的特色主要表现在以下两个方面：一是深入沟通，达成协议。二是定格判断，承前启后。

1. 深入沟通，达成协议

设计与艺术最大的差别在于设计是一种商品，设计要能被认同、被理解，并且要有市场营销的考量，更要能呼应大众的需求。就封面设计而言，除了要能传达出书籍、刊物、简介的内容、主题外，在视觉表现上要更能有吸引消费者目光的功效。但设计者必须注意的是封面视觉创意并不需要刻意去营造，只要对案例做深入的沟通、了解，最能切合题意的视觉表现形式即会自然浮现。因为封面设计常因电子书籍本身内容、出版社的要求等设计条件的不同，在整体表现上当然会有其独特的风格创意，所以对封面设计者而言，视觉表现创意不是首要思考的问题，反倒是要思考如何与作者、出版者进行深入的沟通才能了解设计的需求，进而将设计的需求透过设计者的专业来转换成表现形式。这就是创新的价值所在。优秀的作品设计能使作品更能为受众所接受，一旦某种设计风格被广泛认同，往往该类型的设计能为作品带来丰厚的市场价值，这也就是风格经济。例如，就《河洛经典》DVD有声套书的规划设计而言（参见图2-10），河洛歌仔戏团与一般的歌仔戏团不一样，其为了提升歌仔戏的形象地位、破除传统歌仔戏所给人的乡土、俗化的意象，特以精致、典雅的演出路线以与传统歌仔戏做区隔。所以在该套书的设计表现上，除了要将十年来所演出的戏码籍由套书的出版方式来统一其形象外，更希望能将剧团的精神、理念一并表现其中。因河洛歌仔戏团是一个具有历史性的传统戏曲团体，为此，在封面底纹的表现上特以古时手染布特有的纹理，配上足以传达中国传统的红色来表现戏团悠久的历史及岁月累积的痕迹。又因戏团是以台湾的歌剧做诉求，

图2-10　【中国台湾】张盛权《河洛经典》封面设计

图2-11　【中国台湾】张盛权《河洛经典》封面设计　　　　　　　图2-12　【美国】Jack Anderson 《达·芬奇》

所以更希望借此提升歌仔戏的形象地位。而在群众诉求上，更是特别强调其是平民的、非贵族的；是文化的、非市侩的，因此在图案的选择上以古代君子随身佩带的"玉佩"图案作为表现，如此一来，不但为套书找到了视讯统一的图腾，且图腾所蕴涵的意象更将戏团的精神诉求作了一个完美的诠释（参见图2-11）。

2. 定格判断，承前启后

电子书籍和一般平面设计相同，其虽是一种表述的方式，但却只能做简洁的传达，并不能如语言、文字、影片或连环画般，可以传达得很清楚。电子书或杂志是具有阅读过程的、是有变化的视听语言，因此"时间"对电子书籍而言是一个重要的元素。既然书的内容具有时间性、有情境，而封面的主要功能又在于传达电子书籍的内容，那么如何将有时间变化的内容情境在单一画面上表现出来，则是封面设计者的一大挑战。设计者必须从整本书中找出一点可以暗示之前所发生的事，且又能有后续发展的点来表现，也就如同由一部影片中，找出具有承前启后的画面，并予以进行视听转换（参见图2-12）。而这个承接点的判断可说是封面设计与一般平面设计的差异所在。至于如何为电子书籍找出最佳的表现画面，并无特定的方式。因为每个人对电子书籍所传达出的主题精神的感受力是不同的，所以对于承接点的判断则有赖于设计前的沟通与了解。

2.2.3　封面设计的工艺包装

书籍是文化的结晶，它一经产生，就具备两种属性：一是精神属性；二是物质属性。所谓精神属性是指书籍的内容是随着时代的发展而发展变化的；所谓物质属性即指它的装帧形态。书籍的装帧形态随着书籍的制作材料、制作方式、社会的经济状况及文化的发展和需要而变化。其中，中国文化对中国古代书籍装帧形态的形

第二章

电子书
艺术设计

原理

Animation

New Media

Arts

Animation

New Media

Arts

成和发展产生了深刻的影响和潜移默化的作用。中国古代书籍讲究"雅致",清代孙从添在《藏书纪要》中说:"装订书籍,不在华美饰观,而要护帙有道,款式古雅,厚薄得宜,精致端庄,方为第一。"[①]

纸的发明极大地促进了人类文明的进步,它记载着人类文明的发展史,造就了一批新兴的工业,纸作为书籍的信息记录媒介,在书籍艺术的发展史中具有重要的作用。大多数电子书籍以光盘为信息记录媒介,而光盘需要利用光学方式来写入和读出数据,目前使用最为普遍的为CD-ROM(Compact Disc-Read Only Memory)、DVD-ROM光盘。从信息存储的角度看,CD-ROM、DVD-ROM完全可以看成一种新型的纸。一张小小的塑料圆盘,其直径不过12厘米(5英寸),重量不过20克,而存储容量却高达600多兆字节。如果单纯存放文字,一张CD-ROM相当于15万张16开的纸,足以容纳数百部大部头的著作。但是,CD-ROM在记录信息的原理上却与纸大相径庭,CD-ROM盘上信息的写入和读出都要通过激光来实现。

光盘是多媒体电子书籍的主要载体,因此目前我们所说的多媒体电子书籍包装设计指的就是光盘的包装设计。作为一种新载体,光盘成为大容量艺术资料库。电子书籍的主要形态有:只读光盘(CD-ROM、DVD-ROM)、交互式光盘(CD-I)、图文光盘(CD-G)、照片光盘(PHOTO-CD)、集成电路卡(IC CARD)以及网络出版物等。只读光盘是目前实用的多媒体电子出版物。那么,根据光盘的外在属性,多媒体出版物包装设计的内容就是通过文字、图形、色彩及结构等元素对光盘的盘盒以及盘面进行统一的包装设计。

1. 光盘规格

(1)普通标准 120 型光盘

一般所指的标准光盘,是直径尺寸为120mm的光盘,称为120型光盘。盘面设计就是在外圆直径≤118mm、内圆直径≥22mm范围内的平面设计效果。尺寸:外径120mm、内径22mm;厚度1.2mm;容量DVD 4.7GB;CD 650MB/700MB/800MB/890MB(参见图2-13)。

(2)名片光盘

尺寸:外径 56mm×86mm、60mm×85mm ;内径 22mm;厚度1.2mm ;容量39~54MB(参见图2-14)。

(3)小团圆盘(80 型光盘)

尺寸:外径 80mm,内径 22mm;厚度:1.2mm;容量:39~54MB(参见图2-15)。

(4)双弧形光盘

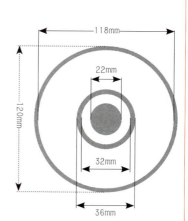

图2-13 标准光盘

---

① 孙从添是我国清初的著名藏书家和校勘学家,他所著的《藏书纪要》是十九世纪我国唯一的一本探讨如何典藏古书的重要著作,二百多年来对我国的藏书理论和藏书管理有着重要的影响。

尺寸：外径 56mm×86mm、60mm×80mm， 内径 22mm；厚度：1.2mm；容量：30~50MB（参见图2-16）。

（5）异形光盘

异形光盘的外尺寸和外形状都是可根据设计需求而定制的，主要是内圆孔尺寸要符合技术规格，而且盘盒也是根据光盘形状制定的。尺寸：可定制；厚度：1.2mm；容量： 50MB/87MB/140MB/200MB（参见图2-17）。

2. 包装材料

精装电子书的盘面材料选择，直接影响到电子书籍内容表达的准确性和外在形态的形式意味。材料的差别与选用，主要是靠设计者对电子书籍的深入理解和敏锐的把握。如纸质、布质、丝绸、木质等材料，是在符合节能、环保的原则下，可以

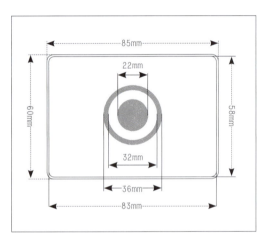

图2-14 名片光盘

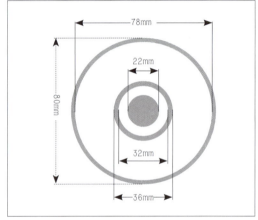

图2-15 小团圆盘

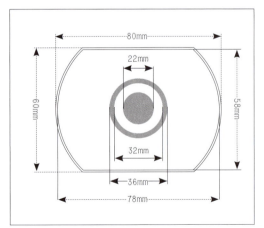

图2-16 双弧形光盘

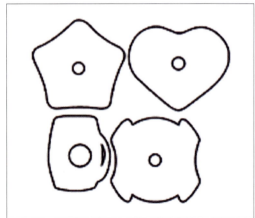

图2-17 异形光盘

第二章

电子书
艺术设计

原理

Animation

New Media

Arts

Animation

New Media

Arts

根据设计风格的需要，选用的一些具有表现力的材质。独特而有韵味的材料运用更能提升电子书籍设计本身的审美价值和使用价值。

（1）塑料

塑料是一种人工合成的高分子材料，与天然纤维构成的高分子材料，如纸材料，具有不同的物理属性。塑料具有良好的防水防潮性、耐油性、透明性、耐寒性、耐药性低等特点。作为盘盒材料，塑料由于其物理属性比纸坚硬，对光盘的保护作用也更强一些，但从外形的塑造和结构的变化上来说，可塑性相对较小，多为盒型，以书型方式打开和闭合，放置光盘的方式以光盘内圆口为依据进行设计。

（2）纸

纸是指由植物纤维经打浆及水悬浮，并在细筛网上或毛布上抄制成的纤维交织的材料。纸包装材料由于其加工方便、成本经济、适合大批量生产，而且成型性和折叠性好，本身也适合于精美印刷（参见图2-18）。光盘包装中选用的纸要具有一定的厚度和硬度，适于保护光盘；要具有耐折度、弯曲性、柔软性，适于塑造各种不同的包装结构；纸张表面要具有一定的光滑度、吸墨性等，适于印刷精美的图案以及文字；根据设计的需要，还可选用表面具有纹理的纸张，以提高设计的格调。

（3）布面

布面是以棉、麻、丝、绒等各种布料作为糊裱精装盘盒的表皮。常见的表皮布有多种质料和颜色可供选择。并以网版印刷、压印烫金来印制封面图文。从织物的选用来讲，书籍内容粗犷有力的适宜用质地粗糙的织物；诗词一类的电子书籍内容宜用光润的织物；科学技术类则采用朴素的无光泽织物。目前，也有许多直接采用衣物材质进行书籍封面包装，如牛仔裤的斜纹和线头都会给设计师以灵感。

（4）皮面

所谓皮面主要指的是以合成胶皮作为裱糊封面的表皮。此类封面常用网印、烫

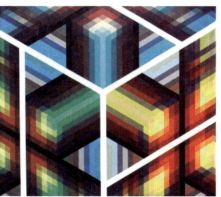

图2-18 【美国】Triptych（三联图的秘密）；2008欧洲设计奖CD\DVD封面获奖作品

金、压凸等方式来作为表现效果，其优点是合成胶皮可以仿制各种材质，且防水和耐用度均佳，一般都用在百科全书或工商日志上。

真皮相对来说价格昂贵，且加工困难，通常用量很少，只有需要珍藏的精美版本，才使用这种昂贵的材料。各种皮革都有其技术加工和艺术上的特点，在使用时要注意各种皮革的不同特性。猪皮的皮纹比较粗糙，以体现粗犷有力的文学语言见长；羊皮较为柔软细腻，但易磨损；牛皮质地坚硬，韧性好，但加工较为困难，适用于大开本的设计。优质的皮革，由于其美观的皮纹和色泽以及烫印后明显的凹凸对比，使它在各种封面材质中显得出类拔萃。

（5）木材

木质材料在近期的书籍封面制作上经常被使用，但木质材料相对价格高，加工复杂困难，所以让设计者为之发愁；不过木质材料在书籍封面设计的效果上，有着不可估计的影响力。中国有着五千年文化，文字的记载人部分采用了木质、竹质载体，所以在多媒体电子光盘的文化底蕴和整体的档次上，木质材料有着超强的表现力。

3.特殊工艺

（1）上光

封面上光主要是为了增加其耐磨度、防污及强化视觉效果，常见的封面上光，依照上光材质、涂布方式、效果等的不同，可分为上亮P和上雾P两种方式。所谓上亮P是在印刷物表面上一层胶质薄膜，因其具有极佳的防潮、耐磨、抗污等特点，且又有玻璃光泽般的效果，所以属于一种高级的上光方式（参见图2-19）。所谓上雾P是在印刷物表面上一层雾面胶质薄膜。表面不反光，触感柔细，有种古朴的感觉，也是一种高级的上光方式。

（2）扎型

在封面设计对于一些需要切圆弧线、不规则曲线、开窗、压折线、裂线的地方，就必须采用扎型的方式处理。制作扎型前必须先制作刀模，接着以制作好的钢模刀加压切出形体即可。而一般的儿童立体盘封、公司简介等封面，也常会以扎型的加工处理来增加封面的造型性与趣味性（参见图2-20）。

（3）压纹

压纹又称压凸，属于凸版印刷的一种。其制作的方法有两种：一是利用凸版或凹版和软垫，将纸张放置在印版和软垫之间，经滚压后即可制成凹凸成对的阴阳模，将纸张置于阴阳模之间，经压力挤压出立体图案。压纹加工因具有浮雕的视觉效果，且可以增加印刷品表面的触感。其二是利用凹凸成对的阴阳模，将纸张置于阴阳模之间，经压力挤压出立体图案。压纹加工使材料具有了浮雕的效果，使得材料表面的触觉感受变得更为深刻。

图2-19 【美国】Tim Lahan 光盘设计

图2-20 【美国】蒂那罗斯《冯内古特娃娃屋的反思》

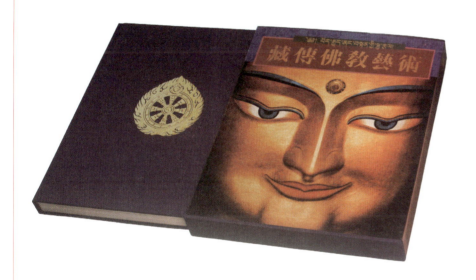

图2-21 靳埭强《藏传佛教艺术》

第二章

电子书
艺术设计

原理

Animation

New Media

Arts

Animation

New Media

Arts

（4）烫金

烫金又称烫印，是以锌凸板或铜凸版作为印刷版，在烫印前先将印刷版加热后在被印物上放置烫金纸，透过热力将印纹与烫金纸接触的热溶胶溶解，凝固后着于被印物上。烫金虽为烫"金"，但并不表示只能做金色的表现，因烫金纸的颜色不同而有金色、银色、红色、绿色、蓝色等不同颜色。一般使用在高级典藏的精装盘封上（参见图2-21）。例如，《藏传佛教艺术》的封面使用布面装裱，烫印金色的法轮图案，书套则运用彩色精印的金佛面和汉文、藏文的书名。设计者以富于民俗性的色彩、图形和质感，在视觉上表现出丰富的层次感。

2.3 电子书刊界面版式设计

数字时代的创始人马文·明斯基(Marvin Minsky)[①] 在其《思维与社会》一书中提出："无论是人类的思维还是人工智能的思维，都是由原本简单的元素相连接而组成，当这些元素组成一个整体时，它们就成为无限复杂的，我们称之为思想和感情的东西，这些思想和感情可以转化为人类的体验。"明斯基的理论在多媒体开发中的重要应用，就是多媒体和用户间的关键点：用户界面。界面是一个窗口，它将不同的元素进行编排，使之成为一个连贯的整体。

多媒体观众一方面从计算机屏幕上所呈现的视觉表征获得信息，做出反应；另一方面根据其美感经验，从计算机屏幕上所呈现的画面效果获得视觉愉悦，引起美的享受。设计界面类似于面对一幅空白画布，每一位艺术家在开始作画之前准备调色版、画笔和构思，多媒体也不例外。设计界面的过程开始于制作中所使用的所有视觉和听觉元素，这些元素必须产生于艺术家和技术家的想象。设计界面所包含的因素极为广泛，但在运用中却只能有侧重、有强调地把握。设计因素虽多，但它仍是一个不可分割的整体。它的结果是物化的形，但这个形却是代表了时代、民族等方面的意识，并最终反映出人的"美"的心理活动。设计界面的艺术综合了技术、艺术及心理学上的技能——它需要左脑和右脑都参与，优秀的界面简单且用户乐于使用，这意味着设计需适应硬件的局限。

2.3.1 界面设计的审美性与功能性

多媒体的迅猛发展，使人们认识到设计界面的重要性和必要性，关于界面的研究也已经从最初的某种分支领域扩展为一个专门的领域。将美的原则应用于界面设计可以加强界面的气氛、增加吸引力、突出重心、提高美感等。同时，还可以向人们暗示一种设计情感的融入，引起受众情感上的共鸣。为了便于认识和分析设计界面，可将界面设计分类为以下几种：

1. 功能性界面设计

功能性界面在设计时要设计接受物的功能信息、操纵与控制物，同时也包括与生产的接口，即材料运用、科学技术的应用等。这一界面反映着设计与人造物的协调作用。界面设计的关键是使人与计算机之间能够准确地交流信息。一方面，人向机器输入信息时应当尽量采取自然的方式；另一方面，机器向人传递的信息必须准确，不致引起误解或混乱，使阅读、导航与主体内容泾渭分明，充分体现人机的交

---

① 马文·明斯基 (Marvin Minsky，1927-)，美国麻省理工学院教授，人工智能专家，1969年获图灵奖，是第一位获此殊荣的人工智能学者。他的研究引导了理论和实践在人工智能、认知心理学、神经网络、图灵机理论和回归函数等方面的发展。

第二章

电子书
艺术设计

原理

Animation

New Media

Arts

Animation

New Media

Arts

互功能。这样设计出来的多媒体作品不但能够突出主题，而且易于读者阅读。我们在设计功能性界面的时候还要注意以下两点：

（1）界面设计必须使读者随时了解浏览的情况

界面设计应该能够告诉读者现在阅读的内容在整个节目中的具体位置。特别是在需要复杂导航的时候，必须让读者了解他的阅读情况，切不可让用户面对着一个没有反应的屏幕，以致怀疑出现了死机现象。在多媒体节目运行前，我们一般设计一个loading画面，以提示读者节目正在载入。

（2）界面设计在界面中必须能够给读者提供帮助

多媒体节目在制作的时候决不可认为读者都是电脑专家，无需提供帮助。切不可因此而让读者减弱操作的兴趣，以产生挫败感。挫败感的范围从轻微的不满到极度的愤怒有很多种（达不到读者用户的预期；错误的信息；界面过于杂乱、艳丽，花招百出，没头没脑；引导读者执行了许多步骤之后出错，导致读者要从头开始）。有关的文字、图形提示、信息、说明应该放在随手可得的位置。

2. 情感性界面设计

情感性界面设计是指设计物要传递感受给人，取得与人的感情共鸣。这种感受的信息传达存在着确定性与不确定性的统一。情感把握在于要深入使用者的感情，而不是只顾个人的情感抒发，设计师应避免个人的任何主观臆断与个性的自由发挥。任何一件产品或作品只有与人的情感产生共鸣才能为人所接受。

在我们的生活中会有很多情感上的反应，有很多的情感因素会影响用户的选择，所以我们就应该设计一个有情感的界面。设计情感界面的一个众所周知的方法就是使用富含表情的图表和其他图形元素来表达情感状态，当然还有声音。例如，日本电通广告互动部创意总监温捷以自己和同事为创意设计的一套表情（参见图2-22），情感的设计是关于产品看上去和用起来的感受——使用产品的全部体验。而反应性则是用户后来的想法，即这个作品给用户是怎样的一种感觉，它所描绘的

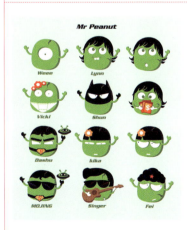

图2-22　【日】温捷　动画表情简练而有趣的语言表达模式。

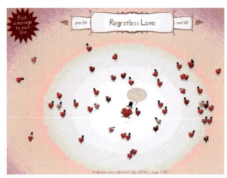

图2-23　【美】KitMan　《无悔的爱》

图像,以及它所传达给其他人的关于它的主人的品位形象。

　　设计界面的运用的核心是情感化设计分析。例如,设计师KitMan设计的《无悔的爱》(regretless love)是一部爱情宣言的网络电子书(参见图2-23)。界面用粉色和心形来表现爱情,虽然有些俗套,可是视觉效果却很好。你可以在该电子书中签写留言给你的恋人或者暗恋的对象。那些蹦蹦跳跳的心形小人儿,每一个代表一位留言者,留言者可以选择小人儿的性别、颜色、表情等。

3. 环境性界面设计

　　自18世纪起,西方一批美学家已注意到艺术创造与审美趣味深受地理、气候、民族、历史条件等环境因素的影响。法国实证主义哲学家孔德指出文学艺术是人的创造物,原则上是由创造它的人所处的环境条件决定的。法国文艺理论家丹纳认为物质文明与精神文明的性质面貌都取决于种族、环境、时代三大因素。无论是工艺美术运动、包豪斯现代主义或20世纪80年代的反设计、现代的多元化、游牧主义(Nemadism),都反映着环境因素的影响。环境性界面设计所涵盖的因素是极为广泛的,它包括有政治、历史、经济、文化、科技、民族等,这方面的界面设计正体现了设计艺术的社会性。

　　任何一件或一个产品、平面视觉传达作品或室内外环境作品都不能脱离环境而存在,环境的物理条件与精神氛围是不可忽缺的界面因素。任何设计都要与环境因素相联系,环境因素包括社会、政治和文化等综合领域。任何设计都处于外界环境之中,是以社会群体而不是以个体为基础的,所以环境性因素一般处于非受控与难以预见的变化状态。

　　界面设计除了要考虑上述因素外,还要考虑共通性,即把握三类界面的协调统一,功能、情感、环境不能孤立地存在。界面设计应以功能性设计为基础,以环境性设计为前提,以情感性设计为重心。多媒体界面最初就是在功能性的基础之上发展起来的,所以多媒体界面的审美就首先要考虑其功能的要素。从功能出发来看待

第二章

电子书

艺术设计

原理

Animation

New Media

Arts

Animation

New Media

Arts

电子书籍界面设计，我们就必须考虑，使用者如何从界面中使用功能，如何更好地使用这此功能。

2.3.2 界面设计的特点

目前，多媒体均采用超媒体技术，它根据节目内容目标的要求，把有关的多媒体信息如文本、图形、图像、声音、动画、视频等组织起来，组成一个较为复杂的网络系统，受众使用或欣赏时容易失去方向，或者增加不必要的认知负载。在进行多媒体界面设计时，通过界面元素表现出节目的信息架构非常重要，它可以帮助受众根据自己的认知经验通过界面上的视觉暗示选择正确内容，或者更加方便地转入各分支内容，或者在任何地点都能回到主界面或退出整个多媒体节目等。我们在设计多媒体界面的时候要注意以下三个基本特征：

1. 易操作性

在用到以用户为中心的设计方法时，要求其概念模式、显示方式具有一致性，具体是指在不同的应用系统中都具有相似的界面外观、布局、相似的交互方式以及相似的信息显示等。一致的交互方式不会增加阅读者的负担，能让阅读者始终用同一种方式思考与操作。在操作中，最忌讳的是每换一个界面用户就要换一套操作方法。Windows下的应用软件之所以备受青睐，与其界面的一致性不无关系。例如，哈宝旅馆（Habbo Hotel）是一个网上社区，在那里你可以扮演不同的角色和与周围的人交谈。你甚至可以在那里购买属于你自己的房子和家具等。那些房子主要由一些很形象化的、具有很可爱细节的代表性物品组成。

2. 艺术性

界面是观众在使用多媒体时的第一接触层面，观众一方面从计算机屏幕上所呈现的视觉表征得到信息，做出反应；另一方面根据其美感经验，通过计算机屏幕欣赏到赏心悦目的视觉呈现，引起其良好的沟通情绪。所以，我们要把美的原则运用到多媒体界面中，使界面具有美感、艺术感。

3. 时代性

多媒体作为一种传播手段必然有它的时代性，多媒体艺术往往善于抓住时髦的话题与文化热点问题，及时有效、快捷地进行报道与传播，它的艺术符号极易与流行文化接轨，从而成为一种带有先锋性与前卫感的艺术样式。

2.3.3 交互界面的构成元素

一个多媒体节目里的交互性是否丰富直接影响读者的兴趣，丰富的交互性可以最大限度地吸引读者注意力，以达到充分传递信息的目的。打开一部多媒体电子书籍作品，首先映入我们视线的就是界面了。界面里面含有丰富的元素，这些元素中有的是让我们进行阅读的，有的是让我们实现交互功能的，我们把这些可以实现交互功能的元素称为交互界面的构成元素。在界面上如菜单、图标、按钮、窗口等，都是交互界面的构成元素。交互界面设计是一个综合的、系统的设计工程，最终完成的界面设计，呈现给人的虽然只是二维的画面，但在其背后是由众多的程序组成，一个简单的图标就可能涉及几十个程序的相互运作。因而，针对不同的表现对象，需要选取不同的具有针对性的制作软件，才能达到事半功倍的效果。在具体界面设计之前，我们有必要认识交互界面的基本构成元素。

1. 窗口

多媒体的窗口一般由以下几个部分组成：标题栏、菜单栏、流动条（水平、垂直）、状态栏和控制栏。Microsoft公司的Windows操作系统可以称为窗口技术的典范。不同的电子杂志也会设计不同的窗口，来体现刊物的与众不同（参见图2-24）。

2. 菜单

常见的菜单有：条形菜单、弹出式菜单、下拉菜单、图标式菜单等（参见图2-25）。用户对菜单的操作主要是通过鼠标点击，并辅以键盘或触摸屏来实现的。一个好的书籍导航和菜单是设计在后台或者不可见的，用户能觉察和注意到的只是内容。

图2-24 电子杂志窗口设计

图2-25 菜单设计

第二章

电子书
艺术设计

原理

Animation
New Media

Arts

Animation

New Media

Arts

图2-26【日本】Mikio Inose 文件夹图标设计

图2-27【美国】Eicodesign Coralbot 图标设计

图2-28 Reooo life 按钮设计

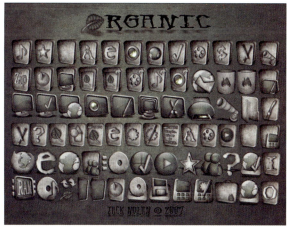

图2-29【美国】Skinhit 按钮设计

3. 图标

图标是常用的一种图形界面对象，它是一种小型的、带有简洁图形的符号（参见图2-26）。它的设计是基于隐喻和模拟的思想，能帮助用户简便地通过界面调用功能（参见图2-27）。

4. 按钮

常见的按钮类型有：Windows风格按钮、闪烁式按钮、动画式图形按钮、热区（Hotspot）式按钮、文本按钮、图形按钮等（参见图2-28、图2-29）。

图2-30　GKR For Windows 弹出对话框

5. 对话框

对话框是一个弹出式窗口，当程序运行时，除了各种选项和按键操作外，系统还可以在需要的时候提供一个对话框来让用户输入更加详细的信息，并通过对话框与用户进行交互，这也是充分体现多媒体人机交互特点的界面技术之一（参见图2-30）。

2.3.4　界面版式构成基础理论

将形态的诸要素按照一定的原则进行创造性的组合，其创作方法称为构成。那么，同样的方法也适用于界面版式设计。在进行电子书刊的版面设计时，如果设计师只是默默地进行设计而不考虑任何规律，那么很多时候都会产生一些奇怪的结果。在这样的情况下，如果有一定的理论作为基础和标准，并且以这个理论为大致的方向和目标，那么设计师在设计过程中就会比较容易地进行判断。按照理论的要求，对设计进行微略的调整，也能够向出色的设计迈进一大步。

相反，如果采用相同的规则，那么就会使设计的结果全部趋同。也正因为如此，在获得理论知识的同时，还必须获得自己所特有的感受，即掌握自己所能够理解的规则很重要。如果不考虑书刊所传达的意思，而只是过分地被"规则"所束缚，就不可能产生这样的创意，因此，考虑书刊的定位以及根据杂志的目标读者来进行版面设计非常重要。

1. 页面构成

页面构成也称页面的构图，页面版式是电子书刊界面设计的重要组成部分，它将文字、图形等视觉元素进行组合配置，使页面整体视觉效果美观和谐，便于阅读，以实现信息传达的最佳效果。

（1）灵活运用辅助线

在电子书刊的页面中安排各种内容的时候，如果没有任何可参考的标准，工作就会变得很困难。因此，可以将电子书刊的页面划分成几个部分，然后采用一定的模式来进行排版设计。

根据水平方向与垂直方向划分所构成的辅助线，可将页面划分为一些四方形的方框，可以将这些空格作为安排各种页面内容的空间。在考虑空间分配的时候，并不是在一个方框中只安排一种内容，而是可以在两个方框中安排同一个内容，或者在三个方框中安排同一个内容，通过这样的方式来调整内容在页面中的分配比重，可以避免版面的单调（参见图2-31）。通过这种方法，伴随着划分出的方框数量的增加，排版所受到的限制也会相应地减少，比较容易灵活处理，但有时版面划分比较少的页面也会给人带来比较深的印象。

此外，并不是说因为采用了这样的方法，所有的页面内容都必须按照辅助线的位置安排在方框之内。如果强行按照辅助线的位置来划分页面的格局，有时候会使照片的裁剪显得不自然，或者文字大小显得不合适。此外，这种做法还有一个缺点，就是会使页面显得毫无生气。所以根据具体情况，在某些情况下刻意地拉开一些内容之间的距离，并将这些空白混加到页面之中会取得不错的效果。大多艺术类刊物把艺术的美感和大量的文字材料完美地结合起来，使得界面既实用，又很好地体现了艺术作品所表达的内容（参见图2-32）。

（2）有目的的余白设计

所谓"余白"就是指"余留白地"，但是"不知道为什么而多余出来的白地"

第二章
电子书
艺术设计

原理

Animation

New Media

Arts

Animation

New Media

Arts

图2-31　由三段组合的电子杂志排版设计

图2-32　灵活安排图片位置的电子杂志页面

和"有目的地留出的白地"对于页面美观有着本质的区别。灵活地运用页面的白地，设计恰当的页面留白，会使电子杂志的页面呈现出非常美观的效果。余白的主要功能是减轻页面的压迫感，使页面空间得到扩展。但是，想要留出一定的余白，电子杂志的页面空间就必须有些富余才行。随着余白面积的扩大，页面中所包括的内容就会相应减少。如果排版的内容已经压缩得很紧并且还把页面空间挤满了，那么想要实现具有大面积余白的排版设计，就必须提前与编辑或广告主商榷页面的内容容量。Castle是一本灵巧而又具有实用布局的电子杂志，它的设计十分利于浏览，界面整洁，易于阅读。生动的文字、绘画，巧妙的文字运用和活泼的插图，甚至折页部分，都给人以视觉上的刺激。余白贯穿全书，平衡各种色彩的使用，产生了独到的刺激效果（参见图2-33）。

（3）调整内容区域

集中同一组的内容，明确表达出不同组别的内容具有不同的意思。为了达到这个目的，应调整不同内容之间的距离并对它们进行分区，这是考虑版面设计时非常重要的一个因素。

①就近安排同一组内容。对于读者来说，相对于距离较远的内容，邻近的内容更能让人感到这种强烈的结合。因此，整合的第一步，就是将希望呈现的内容就近安排，而将希望作为不同内容来呈现的东西安排在较远的位置上，这种方法很有效。以图片和与之对应的文字和标题为例，如果同时存在多张图片、文字说明以及标题，那么便可以首先将这三项组合为一组。这样一来，当把这个组看做一项内容时，就可以将其再与别的内容划分开来（参见图2-34）。

距离相近的图片很容易被作为同一组图片来整体对待。相反，为了表示图片分属于不同的组别，就可以拉开图片之间的距离。这是对所有设计要素进行分组的基

图2-33　【德国】Castle 插画设计电子杂志

图2-34 通过就近安排将页面划分为三组　　　图2-35 运用边框线和底色对页面进行分区
　　　　　　　　　　　　　　　　　　　　　　　　的处理手法

图2-36 运用虚线和底色对页面进行分区的处理手法

第二章
电子书
艺术设计
原理

Animation
New Media

Arts

Animation

New Media

Arts

本方法。但是，对于图片来说又有与文字处理完全不同的地方，即图片间的距离可以接近于零。

　　②利用边框或者底色来划分。对于为了表示属于不同的范畴而划分的内容来说，只要能够将它们明确区分开就可以了，这是在进行页面划分时所能够适用的基本理论。我们可以灵活地运用边框线或底色对页面进行分区，也可以根据边线种类的不同来进行程度不同的内容区分。一般来说，实线和虚线相比，前者可以让人感觉区别得更彻底，而且根据构成虚线的点与点之间的间隔不同，区分度的强弱也会发生变化。另外，还要注意由于颜色和粗细的不同，也会给人带来不同的印象。在运用底色填涂的处理方式时，不同的空间以及颜色不同的程度越大，区分的程度也就越大（参见图2-35、图2-36）。

　　2. 图片构成

　　图片构成即对图片的设计编排，图片排列的先后顺序是图片版式设计工作中的重要环节，如果图片的先后顺序安排得不合适，就看不出文章的方向性，从而造成与编辑的意图相悖的页面效果。为了准确把握图片的先后顺序，就需要与设计委托

图2-37　突出位置重要的图片　　　　　　　　　　　　图2-38　不同大小的图片的关系

方进行协商，把握页面结构的基本脉络与文章的意图等内容。因此，一旦了解对方需要什么样的页面效果，图片的先后顺序也就自然明确了。

（1）位置重要的图片应放大

将图片的先后顺序通过设计来表现的最基本的方法就是对图片尺寸大小进行控制，最大的图片表示最重要的内容。一般来说，尺寸大的东西比尺寸小的东西更容易引起读者的注意。但是，必须先确定图片的质量，到底图片能够放大到多大尺寸。明确区分出主要图片与补充图片的大小，可以使主题明确。此外，当不需要强调两张图片在顺序上的先后关系时，也可以将两张图的尺寸调至相同大小，这样可以表现出它们的并列关系（参见图2-37）。

（2）图片尺寸类型不宜过多

图片大小的不同是表示先后顺序关系的有效手段，也可以使杂志的页面显得富于节奏变化。但是，为了保持页面结构的平衡，还需要在一定程度上对图片的大小进行协调统一，这一点很重要。如果图片尺寸的类型过多，不同大小的图片分布于页面的各个位置上，那么页面的效果就会显得散乱。而尺寸的差别过小，又会造成主次关系辨认上的不便。调节不同大小的图片之间主次平衡关系，需要将图片大体分为大、中、小几个级别（参见图2-38）。

（3）调整图片位置

通过位置的调整来控制图片的先后顺序，相对于以相同的间隔来排列几张图片的方式来说，将某一张图片与其他图片稍微拉开一点距离安排的方式，更容易使读者把目光集中到这张图片上（参见图2-39）。

（4）出血图片

图片出血是指图片的一种排版方式，这是一种可以有效提高视觉冲击力的手

图2-39 调整图片的位置

图2-40 NewWebPick 艺术设计电子杂志

第二章
电子书
艺术设计

原理

Animation
New Media

Arts

Animation

New Media
Arts

段。利用图片出血的处理方式，可以将图片扩大至超过页面大小的程度，这种处理还可以使页面显得开阔。一个值得注意的问题是，有时候对图片裁剪不恰当，一味地压缩页边距会使页面给人造成一种憋闷感，这样就会产生相反的效果。所以应该注意不要将对页的四边都填满内容，而应该将对角线的位置留出一些空隙。例如，在摄影艺术杂志cru-a中高品位的设计和摄影师的照片，颇能打动读者。优雅而生动的黑白照片与空白页面相衬，而且图片和文字的设计更增其艺术效果（参见图2-40）。

3. 文字构成

文字构成指对文字按视觉设计规律加以整体的精心安排。文字的形态变化和版面组合方式构成了各种形态和性格，而文字自身的结构含有视觉图形的意义，如汉字是由图画逐渐演变发展而来的，是表意的文字；拉丁字母则是由埃及的象形文字发展而来的，是表音的文字。汉字的构成形式决定了它是一种具有巨大生命力和感染力的设计元素，有着其他设计元素、设计方式所不可替代的效用，具有强大的说服力与感染力。

①字体与字号选择

a．字体的特点。字体有许多不同的种类。而且，在汉字的字体中，包括具有横划与竖划粗度不同并有"提顿"等特征的"宋体"、没有"提顿"的横划与竖划粗度一致的"黑体"、黑体的转角处圆润的"圆体"以及以手写式为首的"楷体"等，字体的分类范畴也包括许多不同的种类。此外，如果再加上手写体文字等有特点的字体，那么字体种类的数量就会非常庞大，特点、形态也各不相同，需要设计者仔细体会各种字体的特点。

字体的分类有许多方法，"宋体"、"黑体"等按照笔型特点的分类方式也只是其中的一种。虽然如此，宋体家族之间的不同字体也带给人不同的印象。宋体和黑体之间效果的差别，还是有很大的不同。相对于黑体而言，宋体的字体更像是用笔写出来的，其手写的感觉更加强烈，多用于小说等文字量较大而又希望读者能够平静地读下去的文章中。与黑体相比，宋体被认为是具有历史感的字体。而且，虽然通常认为"当排版较大的标题时最好选用黑体"，但是如果大标题采用宋体排版，就会产生味道不同的高雅趣味。例如，《严沁经典名著》在文字标题编排上设计了统一的宋体，图案设计则运用了具有个人风格的水墨画和简洁的几何图形，自由地变化，以表现不同的主题（参见图2-41）。相对于宋体而言，黑体文字"人工设计"的效果比较强。由于这样的原因，一般来说黑体经常被用于加强"时尚的效果"和"力量较强的效果"。此外，由于与宋体以及手写体相比，黑体具有一种新鲜的效果，所以当需要表现出具有青春活力的效果时，这种字体效果会更好。

　　在字体中，除了"宋体"和"黑体"这两种一般性的字体以外，还有许多能够与各种效果配合使用的设计字体。这些设计字体各具特色，定位都比较强。因此，如果选用与效果不相称的字体，就会造成与预想完全不同的效果。此外，由于设计字体本身所能够传达的东西比较强烈，所以如果在多处过分使用,就有可能使页面的整体效果显得散乱，因此需要注意它的用法。例如，在图4-42中，就使用了能够让儿童感受到童趣效果的特殊设计字体，而在以科技、运动等内容为主的书籍中，就不能采用此类的字体。

　　②字号的选择。当对那些意思不同的内容的字体进行区别时，应该使用一种呈现差别的处理方式，可以考虑的做法包括改变文字的字号、颜色、字体、分行等。其中最易懂的基本处理就是改变文字的字号，它能将应该区别的内容明确区别开，

图2-41　靳埭强《严沁经典名著》

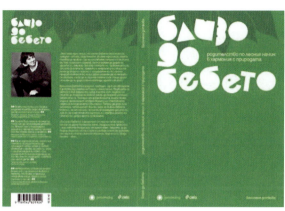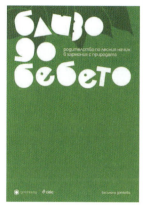

图2-42　Near To The Baby 字体设计

第二章

电子书
艺术设计

原理

Animation

New Media

Arts

Animation

New Media

Arts

避免不彻底的处理。

另外，还可以通过对字体的改变来表现功能的不同。但是，如果同一个页面中出现了太多不同种类的字体，那么就会使页面整体显得不统一，而且还可能形成散乱的页面效果。对于那些需要被作为不同内容来处理的部分，可以通过分别使用这种家族字体中不同粗度的字体，来使每项内容都有所变化，并且同时还保持了页面整体上的效果和风格，这样可以将页面处理得井然有序。

（2）字距与行距选择

一般来说，中文的字体都是以一个假设的正方形为标准而设计的，即便是字号相同时，实际的文字大小也会根据字体的不同而有所不同。关于这一点，如果参照稿纸上所写的手写体文字大小的不同情况，就会比较容易理解。但是，在页面上进行文字排版时，这种假设的外方框是看不到的。因此，根据字体实际的所占面积大小的不同，即便是相同的格式也会给读者带来不同的印象。所占面积较小的字体，字间距看起来会比较大，相反，所占面积较大的字体，字间距看起来会比较小。在设计页面时，要充分考虑这些情况，根据所使用的字体来调整字间距。

行距的数值可以按照文字字号的1.5~2倍来设定。但是这也要根据具体情况来定，它会受到各种因素的左右。行长是左右行距的一个重要因素，行的长度越短则行距可以越小，而随着行长的拉长，行距也最好随之扩大。如果行距狭窄，那么读者就不容易很快判断出视线应该移向哪里。当字距较大时，行距也有必要随之扩大。

（3）文字图形化

文字图形化设计是将文字作为主要基本构成元素，通过规范使用和整合，产生具有图形意义的视觉形式。其中包括对字体选择、字符规范、字距、行距的确定，以及对称、旋转、错位等排列方式，使文字不再仅仅是表现内容的僵硬工具，而是一种造型构成之灵活的视觉元素。

①局部形象化。局部形象设计是指在文字造型的个别笔画中，绘制与字义内容相关的象形图形，它强调原有文字的笔画和插入图形之间的冲突。在设计时，选择的图形应适于字义的表现，还要注意图形的外在轮廓，做到简单明了、有特征，使象形字具有直观性、标识性和象征性的特点（参见图2-43）。一般电子书刊设计中常用的是将正文的某一段文字开头的第一个字或中间的某一个重要字句突出放大，或作轮廓化的处理，从而为版面带来注目焦点，打破平庸的格局，起到活跃版面的效果。字首突出，可吸引读者涉猎下文，并强化记忆度。

②文字的重叠。字体与字体之间或字体与图像之间经过叠置后，能够产生空间感、跳跃感、透明感、杂音感和叙事感，从而成为版面中活跃的、令人注目的元素。虽然叠置手法影响了文字的可读性，但是能造成版式独特的视觉效果。这种不追求易读，而刻意追求"杂音"的表现手法，增强了文字的艺术表现效果（参见图2-44、图2-45）。

③ 群化组构。文字以书籍的主题意图而构成群组编排，将表现的文字组合在

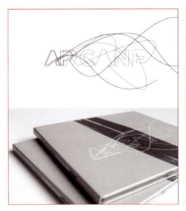

图2-43 【德国】Markus Schaefer 字体设计

图2-44 文字的调整与叠置　　　　　图2-45 具有图形意义视觉形
　　　　　　　　　　　　　　　　　式文字

第二章
电子书
艺术设计

原理

Animation

New Media

Arts

Animation

New Media

Arts

图2-46 文字的倾斜排列增强了页面的动感　　图2-47 文字的图形化排列增强了页面的趣味性

方形、长方形以及具象的规则形状中，从而使版面产生极富相关性的有趣的、戏剧性的效果，这种设计还可以依照版面中的图像元素适当填充或进一步延伸化处理，避免了界面空间的零散不齐，使文字面貌更为清晰明了、整体统一（参见图2-46、图2-47）。

2.4　电子书刊色彩设计

色彩是电子书刊设计中不可缺少的造型语言。五彩斑斓的色彩，除了具有很强的视觉吸引力外，还有很强的符号性和表意性，影响着读者对书籍类型与特征的认知与判断。色彩的情感效应与人的视觉经验、心理联想有关。在书刊设计中，色彩的情感和性质不是孤立的色彩现象，设计者在运用色彩时，不仅要考虑某种颜色的特征和象征，更要注意通过不同颜色的调配和组合来表达电子书籍的内涵与意境，营造色彩气氛，将色彩的含义传导给读者。

2.4.1　色彩模式

没有光的地方就没有色彩。平常我们认识色彩的时候，其实并不是在看物体本身的色彩，而是将物体反射的光以色彩的形式进行感知。色彩是电磁波的一种，由于物体反射的波段不同，表现出来的色彩也就不同。人类已知的光线的种类有宇宙射线、伽马射线、X射线、紫外线、红外线和电波等。电磁波有很多种类，但是人类肉眼可见的范围非常有限。可见光线大致分为短波长、中波长、长波长三种，分别作为蓝、绿、红三色被感知。波长最长的色彩为红色，波长最短的色彩为紫色，红色和紫色之间包含各种各样的色彩（参见图2-48）。

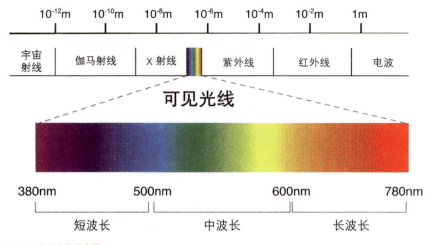

图2-48　可见光线示意图

1. RGB色彩模式（加法混色）

能够让人感觉到色彩的光分为红（R）、绿（G）、蓝（B），它们被称为"色光三原色"。色光三原色就是光本身，每次混色后明度就会增加从而变得明亮，这种混色叫做"加法混色"。三原色同时混在一起就会变成白色，而且，通过三种颜色的组合与各种光的强弱，可以再现所有的色彩。电视机和计算机的屏幕、舞台照明等，就是利用了加法混色的原理。

针对RGB颜色模式的加色混色原理，RGB颜色模式将所有可见的颜色按照各色光不同的强度，分为0～255色阶，例如，像海水般的宝石蓝色在RGB颜色模式中可以用RGB（35、35、179）来描述。随着数值的增大，加色混色的结果也越发明亮，当RGB的数值都为255（即R：255、G：255、B：255）时，就成为纯白色；当RGB的数值都为0（即R：0、G：0、B：0）时，就成为纯黑色。

2. CMYK色彩模式（减法混色）

色料的原色有黄（Y）、品红（M）、青（C）三种，被称为"色料三原色"。这三原色同时混合在一起就会合成黑色，这种混色称为"减法混色"。这一原理主要被用于彩色胶卷和彩色印刷。实际上在彩色印刷和彩色复印中也使用黑色色料，通过三原色加黑色来合成其他色彩。

CMYK颜色模式将各色油墨的含量定位在0～100％之间，由于CMYK的加色混色原理，油墨输出量越大，合成的效果越暗，所以要想表示纯白的颜色，各色油墨的数值应该为0。

2.4.2　色调的魅力

第二章

电子书
艺术设计

原理

Animation

New Media

Arts

色彩可分为有色彩和无色彩两大类。表现赤、蓝、绿等有彩色的色彩程度的"色相"、表示色彩明度的"明度"、表现色彩鲜艳程度的"纯度"这三个要素，称为"色彩三属性"。另外，色彩还有色调。色彩的色调，一般需要通过综合色彩关系来表现，色彩的感情效应需要在各要素的对比和相互关系中整体呈现。所以，要从色彩关系中分析色调，而不是进行单色性质的相加。色调是进行各种设计时推进配色作业最重要的概念，比色相更容易表现色彩的感情。把握住色彩的色相、明度、纯度这三个要素，就更容易理解色彩的性质，配色也会变得更轻松。以三要素为基础并应用色调的概念，就能轻松抓住配色窍门。

1. 能量之红

红色意味着能量与活力，热情奔放与革命，象征着体内流淌的血液，也象征着生命的色彩和感情。喜欢红色的人，行动力强、外向而有勇气，敢于挑战任何事，并且活力充沛。相反，也有冲动、不考虑后果就行动而容易失败的一面。

例如，托菲作为一名风格化的艺术家，其作品的主体常常通过后现代主义符号学体现出来。由于受到计算机技术的影响，他开创了独具特色的视觉语言，该视觉语言以食物、动物和人体为参照，平衡了由数字技术带来的文化和价值观的差异。如托菲为In Situ设计的光盘及其封面，受计算机影响的视觉语言特征尤为突出。他认为，为表现现代音乐的特色，主色调红色具有使人兴奋的倾向。现代音乐的刺激节奏和红色的强烈感搭配得非常协调。因为包含着红色的能量，所以该作品既显出不屈不挠的精神，又显出热情向上的力量（参见图2-49）。

2. 愉悦之橙

橙色是喜悦、欢乐和生气勃勃的象征。充满力量和快乐的橙色，在表现出喜悦和温暖等积极的情感的同时，还有着影响丰富情感的作用。据研究，如果将橙色用

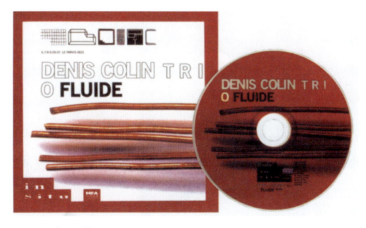

图2-49　【法国】托菲 FLUIDE

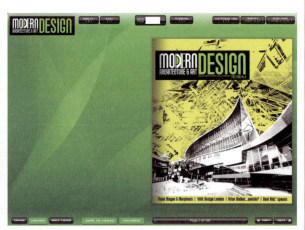

图2-50　明亮的橙色　　　　　图2-51　【葡萄牙】cru-a封面　　　　图2-52　明亮的黄色和绿色

于橱房和餐厅的室内装饰，既可以增强食欲，又对健康有帮助。

　　橙色对心理层面的影响都很积极，比如"喜悦"、"幸福感"、"快乐"、"亲近"、"乐天"、"温暖"、"健康"等，但也有着"乏味"、"执拗"、"傲慢"、"歇斯底里"的一面，根据使用的方式，可能会被人觉得啰嗦或是讨厌，因此需要小心。在橙色系中，杏色是种柔和的色彩，适合用在低调的设计中，搭配同系色彩，能够营造出和谐、舒适的气氛（参见图2-50）。

3. 明亮之黄

　　黄色是知性、判断力和幽默的象征。例如，在cru-a电子杂志封面设计的色彩方面，明亮的黄色稍微搭配一点素雅的色彩，就能营造出安详的氛围（参见图2-51）。此时，若搭配明度高的绿色，则更加体现出明亮快乐、新鲜的感觉（参见图2-52）。

　　喜欢黄色的人开朗而风趣，可以带给人快乐；表情丰富，才华横溢，总是能令人觉得新鲜。黄色也有消极的一面，轻快可能会变成轻率，自由可能变成任性。从知觉心理学来看，黄色视认性高，远看也很醒目，作为唤起注意的色彩被广泛使用。为了引起注意，使用黄色时，应用深色作背景，因为这样会更醒目。

4. 平衡之绿

　　绿色是平衡、协调和自然的象征，它意味着平衡和协调，也是植物的色彩，象征着自然、生命和健康。绿色被定位为不寒也不暖的中性色，同时具有蓝色和黄色两种色彩特性，是一种冷暖平衡的色彩。鲜艳的绿色非常美丽、优雅，特别是用现代化科学技术创造的最纯的绿色是很漂亮的颜色。绿色有时也被当做"爱的色彩"，而另外一种被认为是爱的色彩而广为人知的是粉色，但粉色代表的是温柔而有包容性的女性之爱，而绿色则代表勇敢强健的男性之爱。

第二章

电子书
艺术设计

原理

Animation

New Media

Arts

Animation

New Media

Arts

喜欢绿色的人，沉稳、谨慎，并且平衡感好，善于处理人际关系；有道德，善于保持平常心；既不会有很大的激情，也不会犯太大的差错；诚实、机智，深受信赖；由于热爱和平，不喜争端，这种态度有时会给周围的人造成一种优柔寡断的印象。例如，轻轻点开《佰草集》电子杂志的封面，为佰草集特设的洁净素雅的电子页面就会映入眼帘，为生活平添一抹淡雅的芬芳（参见图2-53）。几许醒目清新的中国风，令全世界爱美女性一起分享来自中国自然、平衡的根源之美，以中国草本文化焕生世界之美。

5. 沟通之蓝

蓝色是和平、沟通和沉静的象征，它意味着沟通与和平，冷静且知性。蓝色可以令人联想到江河湖海和天空，以显出它是一种清凉而开放的色彩。据说在古希腊，蓝色象征着美神阿佛罗狄特。而在基督教中，深蓝色的"Ultramarine"被当做象征着圣母玛丽亚的尊贵色彩。喜欢蓝色的人内省、有计划性、理智、自制力强；知书达理、认真、容易被信赖。倨傲中带着安详的蓝色，若搭配红色和橙色等强势的暖色，再加入中间色相的色彩平衡整体，可使红色的张扬被淡化，从而制造出奇特而有个性的配色（参见图2-54）。

在英国王室中，将王室女性身穿的深蓝色称为"宝蓝"（Royal-blue）。所以蓝色自古就被当做名人一样的色彩来看待。例如，《女王的新年贺礼》这张封面因其白色与蓝色而显得清洁而优雅，CD盒子呈纯宝蓝色，搭配黄色这个对比色，更能突出聪明的印象（参见图2-55）。

6. 创造之靛

图2-53 《佰草集》电子杂志设计　　　　　　图2-54 红色的张扬与蓝色的淡化

图2-55【英国】安德利亚·克来茨《女王的新年贺礼》

靛色是创意、直觉和睿智的象征，它象征着聪明和创造力，同时具备蓝色的静与红色的动两种性质。靛色非常具有创造性，影响着创意和直觉力。两千年以前，荀子曾在著名的篇章《劝学》中用"青，取之于蓝，而青于蓝；冰，水为之，而寒于水"来教导弟子。青，就是指靛青这种颜色；蓝指的是可以用于制作靛蓝染料的靛草。靛草是蓼科植物，茎叶被用来制作染料。后世一般用"青出于蓝而胜于蓝"来形容学生胜过老师。

喜欢靛色的人，能够坦率思考，感觉敏锐且想象力丰富，有着能够灵敏感知各种事情的能力和智慧，能够完美地统一、协调事物的表里两面。靛色系的青蓝给人一种寂静和安心的感觉，低调中有着独特的存在感，适合搭配亮度低的色彩（参见图2-56）。

7. 灵性之紫

紫色是精神、高尚和灵感的象征，自古就是高贵事物的象征，是很受珍视的色彩。在一般情况下，紫色会给人一种高贵的印象，但实际上如果偏蓝则显得高雅，偏红色则显得品位低下。根据色相不同也有显得低俗的时候，所以紫色是个颇难以掌握的色彩。高纯度的紫色是一种个性很强的色彩，要避免大面积使用，它作为亮点或重点会更适合（参见图2-57）。

从心理学的角度看，紫色象征着"高贵"、"尊严"、"洗练"、"直觉"、"神秘"等；另外，紫色也会引起 "不安"、"悲伤"、"孤独"等情绪。

8. 纯净之白

白色是光、正义和净化的象征,被誉为正义和净化之色,有着天真无邪、清澈无垢的感觉。另外，因为白色有着反射所有光线的性质，所以也会令人感到耀眼并引起视疲劳。在阳光直射的地方，眼睛容易疲劳，不利于阅读。在界面设计中使用白

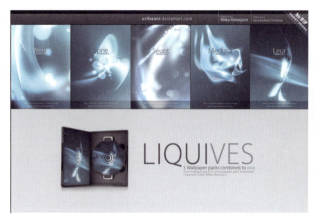

图2-56　青蓝搭配浅色　　　　　　　　　　　　　　　图2-57　黑色和高纯度的紫色演绎出高级感和神秘感

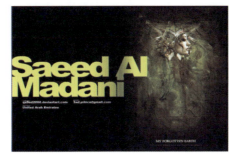

图2-58　【美国】库迪亚·贝弗莉《泰德高　图2-59　黑色作为陪衬色
　　　　顿光盘》

第二章

电子书
艺术设计

原理

Animation

New Media

Arts

Animation

New Media

Arts

色时，要注意不要大面积使用，使用淡淡色彩的"off-white"与略显灰黄的白色会更为合适。

　　喜欢白色的人平衡感强，理想高远，既是完美主义者，又有着孤绝的一面。

　　在使用白色的设计中，要在文字和配图上下工夫，务求将白色的部分协调地融入整体图景中。如美国《泰德高顿光盘》的封面，在设计时使用了白色的主题和白色的背景，从而制造出简单优雅的效果。而文字的色彩，就从主题图案的色彩中任意抽取，这样可以做到整体的和谐统一。作为介绍自学成才的美国乡村艺术家的一项活动的一部分，该光盘介绍了泰德高顿——一个迷恋"无所事事"的人。全白色CD盒子为这种电脑中很少见的黑白图案提供了背景。在平静和缓的女声讲解中，黑白图像、彩色无声电影、灰色文字说明一页一页地闪现，高顿醒目的素描肖像与这种躁动的设计手法极为契合，每一页几乎都印有他的粗黑线条的画作，白色页面为我们提供背景的同时与之形成对比效果。整个介绍都突出白色的主题，以平和的岩石背景来表现一个艺术家复杂的内心世界和他躁动的作品（参见图2-58）。

　　9. 黑暗之黑

　　黑色是黑暗、尊贵和神秘的象征，它是最暗的色彩，若搭配其他色彩，明度差会非常明显。另外黑色还是"收缩色"，看起来会比实际显得小，所以对比之下有放大其他色彩的效果。基于黑色的这些特征，在使用的时候，比较适合将其作为陪衬色，突出主题和其他色彩的主角地位（参见图2-59）。

　　喜欢黑色的人性格多强势，或者希望变得强大，而且黑色有一种内敛深沉的气质，所以穿黑衣的人给人一种聪明的印象。

　　10. 柔静之灰

图2-60　　深灰色的电子杂志页面设计

灰色是中庸、认真和谦逊的象征，它介于白色与黑色之间，显得中庸、暧昧、没有个性，给人以寂寞和无机质的印象。

喜欢灰色的人从积极一面看，表现得中庸、温和、认真而自制。不会固执己见，容易妥协；不会感情用事，对于组织和管理系统能够正确应对。从消极一面看，喜欢灰色的人优柔寡断，总是采取观望态度。

无色彩的灰色根据明度不同可以有多种变化。明亮的灰色比较接近白色，所以很容易搭配。有时灰调的有色彩和纯白色的搭配会让人感觉美中不足，这时就可以改搭配明亮的灰色以获得更协调的效果。还有，在灰色中添加些许蓝色，可以强化冷静、无机质的印象，表现出敏锐的感觉。在灰色中加入温暖的红色和黄色，可以突出灰色的温和，给人以平静与柔和的感觉（参见图2-60）。

2.4.3　色彩风格

色彩可以表现不同风格，它是形式特征所产生的特定心理效应。风格与情感有着内在的联系，但又有所不同。影响色彩风格的因素很多，如色彩的明度、纯度、形状等，其中最主要的是由色彩之间复杂的对比关系构成。

1. 艳丽与素雅

艳丽与素雅的感觉与色彩的明度和纯度有关，更重要的是与色彩之间的对比关系有关。一般来说，艳丽的色彩效应大致由三种因素组成：一是对比反差较大，包括明暗对比、色相对比和纯度对比；二是纯度与明度较高，在对比作用下显得鲜艳明快；三是以暖色为主，整体色彩倾向偏暖。这三个因素中起统领作用的是对比关系。经验告诉我们，提高鲜艳度并不是一味采用高纯度色彩就能奏效，相反，通过少量低纯度颜色的对比关系，反而可以衬出色彩的鲜艳。色彩之间的反差和对比可以使色彩关系引人注目，达到一种明快、醒目、活跃的视觉效果（参见图2-61）。

第二章
电子书
艺术设计
原理

Animation

New Media

Arts

与此相反，素雅的色调一般偏向冷色，纯度较低，更重要的是色彩之间的反差较小，色彩关系趋于统一（参见图2-62）。当然，所谓的低纯度和小反差是相对而言，不能走极端。如果低纯度的颜色没有比较明确的色彩倾向，明度适中而又缺少反差，很容易显得陈旧，甚至成为脏颜色。素雅色调的一个重要特征，就是色彩关系的相对统一，而如果将这一特点推向极端，也不能形成素雅的美感。看来，任何形式特征都有一个适度的问题，要注意观察色彩倾向、色彩纯度的对比程度和排列组合的适度关系。艳丽的色彩常常应用于需要欢乐、兴奋、张扬的时候，素雅的色彩可以满足宁静、朴素、庄重的视觉心理需要。

2. 沉稳与活泼

沉稳的色彩关系首先表现为一种理性的秩序感。色彩排列有序、色彩布局均衡都可以形成色彩秩序。其次表现为暗色调，低纯度的色彩可以产生一种分量感。从而与"沉稳有力"的视觉感受挂上钩（参见图2-63）。色彩沉稳与否，与色彩冷暖的关系不大。各种色彩要素在对比关系上以适中为宜。反差过大会显得张扬，反差

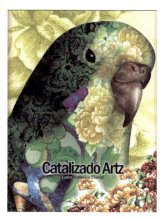

图2-61 艳丽、明亮的色彩效果　　图2-61 素雅、整洁的色彩效果

图2-63 活泼、跳跃的色彩效果

过小会限于沉闷，从"沉稳"和"沉闷"的微妙差别来看，色彩表现需要把握精确的分寸感、细心体察色彩关系、处理好细节方可准确达意。

活泼的色彩关系体现在色彩配置上的多边性和跳跃性，这个特点同秩序化的色彩布局正好相反。活泼的色彩体现出一种色彩的张力，因此，高纯度和高明度的色彩应占较大比例。此外，交错或对比都是活泼感的构成要素，形与色的结合会强化色彩效果（参见图2-64）。

3. 恬静与热闹

恬静的效果是有统一的整体色彩倾向，它的基本构成形式有以下几个特点：偏冷的色彩基调、有序的或类似的色彩序列、色彩纯度不高、各种要素的对比关系反差较小、有均衡的色彩布局。从形态上来看，整体形态趋向水平、垂直或有条理，呈现出静止的状态（参见图2-65）。

热闹的色彩则相反，它是一种多变化的色彩关系。它的形式构成特点是：色彩变化丰富，高纯度与低纯度的颜色相混杂，色彩排列无序，呈现出杂乱或跳跃的状态，各种色彩要素的对比反差较大，局部色彩多变而且突出，色彩形态上经常出现形与形之间的分割、交错、重叠，没有大面积的统一色调（参见图2-66）。这种色彩感受的特点就是热闹，犹如自由市场的喧闹。它容易引人注目，具有刺激性，同时又使视觉不得安宁。当适用特定需要时，它就是有用的视觉效果。因此，判断它的艺术价值要依据不同的实际需要。

图2-64　沉稳、有序的色彩效果

图2-65 恬静的色彩效果　　　　　　　　　　　　　　　　图2-66 热闹、悦目的色彩效果

第二章
电子书
艺术设计

原理

Animation
New Media

Arts

Animation

New Media

Arts

2.5　电子书刊视频设计

　　电子出版物大量采用多媒体的形式，其丰富的表现力能带给人以全新的信息传播方式和视听享受。与图像相比，视频具有更为丰富的表现能力，这不仅是因为视频素材中通常也包含音频成分，更主要的是因为视频是对客观景物和事件的逼真描述。因此，视频是综合性的视听媒体，且数字视频是电子书刊的重要组成部分。

　　视频原本是由专门设备播放的、连续的、往往带有伴音的画面的总称。按照视频信号的实现模式，它包括模拟视频和数字视频。电视、录像带是模拟视频信息，模拟视频通过相关技术，可以转换成可供计算机控制的数字视频。通过视频信号采集卡对模拟视频信号进行转换，并在转换过程中压缩成数字视频，最终视频以文件形式存入计算机硬盘中。将视频采集卡的视音频输入端与视音频信号的输出端连接后，就可以采集捕捉到视频图像和音频信息，而在电子书刊中使用的都是数字视频。

2.5.1　视频格式

1.影像视频格式

（1）AVI格式

　　AVI格式，它的英文全称为Audio Video Interleaved，即音频视频交错格式。它于1992年由Microsoft公司推出，随Windows 3.1一起被人们所认识和熟知。所谓"音频视频交错"，就是可以将视频和音频交织在一起进行同步播放。这种视频格式的优点是图像质量好，可以跨多个平台使用，其缺点是体积过于庞大，而且更加糟糕的是压缩标准不统一。最普遍的现象就是高版本Windows媒体播放器播放不了采用早期编码编辑的AVI格式视频，而低版本Windows媒体播放器又播放不了采用最新编码编辑的AVI格式视频，所以我们在进行一些AVI格式的视频播放时常会出现由于视频编码问题而造成的视频不能播放，或即使能够播放，但存在不能调节播放进度和播放时只有声音没有图像等一些莫名其妙的问题，如果用户在进行AVI格式的视频播放时遇到了这些问题，可以通过下载相应的解码器来解决。

（2）MOV格式

MOV（QuickTime）是Apple计算机公司开发的一种音频、视频文件格式，用于保存音频和视频信息，具有先进的视频和音频功能，为Apple Mac OS、Microsoft Windows 98/NT在内的所有主流电脑平台所支持。MOV文件格式支持25位彩色，支持RLE、JPEG等领先的集成压缩技术，提供150多种视频效果，并配有提供了200多种MIDI兼容音响和设备的声音装置。新版的MOV进一步扩展了原有功能，包含了基于Internet应用的关键特性，能够通过Internet提供实时的数字化信息流、工作流与文件回放功能，此外，MOV还采用了一种被称为QuickTime VR（简称QTVR)技术的虚拟现实技术(Virtual Reality， VR)，用户通过鼠标或键盘的交互式控制，可以观察某一地点周围360度的影像，或者从空间任何角度观察某一物体。MOV以其领先的多媒体技术和跨平台特性、较小的存储空间要求、技术细节的独立性以及系统的高度开放性，得到业界的广泛认可，目前已成为数字媒体软件技术领域的事实上的工业标准。国际标准化组织(ISO)最近选择MOV文件格式作为开发MPEG4规范的统一数字媒体存储格式。

（3）MPEG格式

MPEG格式，它的英文全称为Moving Picture Expert Group，即运动图像专家组格式，家里常看的VCD、SVCD、DVD就是这种格式。MPEG文件格式是运动图像压缩算法的国际标准，它采用了有损压缩方法以减少运动图像中的冗余信息， MPEG的压缩方法把后续图像中和前面图像有冗余的部分去除，从而达到压缩的目的(其最大压缩比可达到200∶1)。目前MPEG格式有三个压缩标准，分别是MPEG-1、MPEG-2和MPEG-4，另外，MPEG-7与MPEG-21仍处在研发阶段。

MPEG-1：制定于1992年，它是针对1.5Mbps以下数据传输率的数字存储媒体运动图像及其伴音编码而设计的国际标准。也就是我们通常所见到的VCD制作格式。使用MPEG-1的压缩算法，可以把一部120分钟长的电影压缩到1.2GB左右大小。这种视频格式的文件扩展名包括.mpg、.mlv、.mpe、.mpeg及VCD光盘中的.dat文件等。

MPEG-2：制定于1994年，其设计目标为提供高级工业标准的图像质量以及更高的传输率。这种格式主要应用在DVD/SVCD的制作(压缩)方面，同时在一些HDTV(高清晰电视广播)和一些高要求视频编辑、处理上面也有相当的应用。使用MPEG-2的压

电子书刊设计

缩算法，可以把一部120分钟长的电影压缩到4~8GB的大小。这种视频格式的文件扩展名包括.mpg、.mpe、.mpeg、.m2v及DVD光盘上的.vob文件等。

　　MPEG-4：制定于1998年，MPEG-4是为了播放流式媒体的高质量视频而专门设计的，它可利用很窄的带度，通过帧重建技术，压缩和传输数据，以求使用最少的数据获得最佳的图像质量。目前MPEG-4最有吸引力的地方在于它能够保存接近于DVD画质的小体积视频文件。另外，这种文件格式还包含了以前MPEG压缩标准所不具备的比特率的可伸缩性、动画精灵、交互性甚至版权保护等一些特殊功能。这种视频格式的文件扩展名包括.asf、.mov和DivX AVI等。

2. 流式视频格式

　　当今，许多视／音频数据是通过互联网来进行实时传输的，其传输方式有两种，最开始是媒体以文件形式存储，"先传输后播放"，用FTB下载或E-mail传输，这样对于比较小的文件是可行的，比如mp3音乐。但对于电影、电视，由于文件容量非常"宽大"，而现有的网络带宽又十分"窄小"。若仍然采用"先传输后收看"，则需要很长的传输时间，人们将感到厌烦。对于远程会议和远程监控等图像信息，人们需求的是"一边传输一边收看"的"流媒体"传输格式，即先从服务器上下载一部分视频文件，形成视频流缓冲区后实时播放，同时继续下载，为接下来的播放做好准备。这种"边传边播"的方法克服了用户必须等待整个文件从互联网上全部下载完毕后方能观看的缺点。到目前为止，互联网上使用较多的流式视频格式，常见的有以下几种：

　　（1）ASF格式

　　它的英文全称为Advanced Streaming Format，为了和Real Player竞争，微软推出的此种视频格式，用户可以直接使用Windows自带的Windows Media Player对其进行播放。由于它使用了MPEG-4的压缩算法，所以压缩率和图像的质量都很不错(高压缩率有利于视频流的传输，但图像质量肯定会损失，所以有时候ASF格式的画面质量不如VCD是正常的)。

　　（2）WMV格式

　　它的英文全称为Windows Media Video，也是微软推出的一种采用独立编码方式并且可以直接在网上实时观看视频节目的文件压缩格式。WMV格式的主要优点包括：本地或网络回放、可扩充的媒体类型、部件下载、可伸缩的媒体类型、流的优先级化、多语言支持、环境独立性、丰富的流间关系以及扩展性等。

　　（3）RM格式

　　Real Networks公司所制定的音频视频压缩规范称为Real Media，用户可以使用RealPlayer或RealOne Player对符合Real Media技术规范的网络音频/视频资源进行实况转播，而且Real Media可以根据不同的网络传输速率制定出不同的压缩比率，从

第二章
电子书
艺术设计

原理

Animation

New Media

Arts

Animation

New Media

Arts

而实现在低速率的网络上进行影像数据实时传送和播放。这种格式的另一个特点是用户使用RealPlayer或RealOne Player播放器可以在不下载音/视频内容的条件下实现在线播放。另外，Real Media作为目前主流的网络视频格式，它还可以通过其Real Server服务器将其他格式的视频转换成Real Media视频并由Real Server服务器负责对外发布和播放。RM和ASF格式可以说各有千秋，通常RM视频更柔和一些，而ASF视频则相对清晰一些。

（4）RMVB格式

这是一种由RM视频格式升级延伸出的新视频格式，它的先进之处在于RMVB视频格式打破了原先RM格式那种平均压缩采样的方式，在保证平均压缩比的基础上合理利用比特率资源，即静止和动作场面少的画面场景采用较低的编码速率，这样可以留出更多的带宽空间，而这些带宽会在出现快速运动的画面场景时被利用。这样在保证了静止画面质量的前提下，大幅提高了运动图像的画面质量，从而图像质量和文件大小之间就达到了微妙的平衡。另外，相对于DVDrip格式，RMVB视频也有着较明显的优势，一部大小为700MB左右的DVD影片，如果将其转录成同样视听品质的RMVB格式，其容量最多也就400MB左右。不仅如此，这种视频格式还具有内置字幕和无需外挂插件支持等独特优点。要想播放这种视频格式，可以使用RealOne Player 2.0或Real Player 8.0加Real Video 9.0以上版本的解码器进行播放。

（5）FLV格式

FLV 是 Flash video的简称，FLV流媒体格式是一种新的视频格式。从目前网络宽带的现状以及视频网络的流量来看，FLV确实是一种比较"阳光"的视频格式。首先，它统一了各种在线播放视频文件格式，由于其对操作系统和播放器几乎不作要求，并且用户把自己的WMV或者RMVB格式文件统一转换上传为网站上的FLV格式速度极快，因此被众多视频网站看中；其次，由于受网站的宽带、服务器负载制约，在线播放的视频文件必须播放可以让人接受的图像质量，并且体积又小，而FLV恰能满足此类要求。

2.5.2 视频制作

电子书刊设计作为基于电子计算机和网络的新型艺术形式有着自己独特的视觉表达方式，然而其对于视频内容的表达则是建立在影视艺术的表达方式之上的。基于此，视频制作的主要任务是具体实现视频脚本的各项要求。在对数字化视频片断作编辑处理时，需要严格掌握每一段视频的延时时间、画面尺寸和帧速率。视频制作涉及的内容包括选景，通常应该选择那些最能表现主题的场景。在进行视频片断拍摄方面，有条件时尽量采用精度较高的摄像机拍摄，这对保证后期制作的质量有利；在对模拟视频进行数字化处理方面，在采集数字视频时尽可能保留更多的细

第二章
电子书
艺术设计

原理

Animation
New Media

Arts

Animation

New Media

Arts

节，需注意合成前不要对视频素材作压缩处理；在进行视频编辑和处理时，应确定采用何种方式实现场景与场景的切换，控制画面的透明度，裁剪掉不需要的部分，帧速率的确定要考虑大多数用户CD-ROM驱动器的数据传输速率；在视频合成阶段需要按大多数终端用户的设备条件确定视频素材的帧速率和画面大小，决定采用何种方式迭加不同的素材层，以及添加必要的特殊视频效果等。

伴随着电子技术的不断创新发展，尤其是CG技术的普及和运用，设计师在创意和制作过程中，将实景拍摄与CG技术结合，便可无限制地发挥想象空间，带给读者前所未有的视觉体验。例如，在视频作品《中国红》中有一段关于介绍中国民间剪纸的内容。作品改变了传统的展示剪纸的形式，而是用拟人手法，让黑剪刀与大红纸跳起双人舞，在舞曲的旋律和优美的舞蹈动作中，完成了剪刀的创作，大红纸变成了红剪纸，展现在读者面前。这种大胆的创意和巧妙的内容设计，烘托了作品的主题，增加了艺术感染力。运用CG技术和后期特效，可以对实景拍摄的影像进行灯光、阴影、道具和背景等众多方面的设计处理，化腐朽为神奇，把不可能变为可能。视频设计的表现手法可谓丰富多彩、五花八门，而且视频设计师们依然在不断地创新与尝试。

2.6 电子书刊动画设计

动画（Animation）源自"Animate"一词，即"赋予生命"、"使……活动"之意。从广义来说，把一些原先不具有生命的不活动的对象，经过艺术加工和技术处理，使之成为有生命的会动的影像，即为动画。动画是利用人的视觉残留[①]的生理现象和动感视觉错觉的心理现象，有秩序地在同一视窗中快速更换画面，使人感觉画面中的形象在运动的视听艺术形式。人在看物体时，物体在大脑视觉神经中的残留时间约为二十四分之一秒，如果每秒更替24个画面或者更多的画面，那么前一个画面在人脑中消失之前，下一个画面就进入人脑，形成连续的影像感觉。

2.6.1 动画分类

由于计算机的动画制作能力非常强，几乎无所不能，加上电子书刊设计都是建立在数字化媒体基础之上的，所以在电子书刊设计中所使用的动画是指计算机动画。可以从不同角度对计算机动画进行不同的分类，不同类型的动画在多媒体电子书刊设计中的应用情况也不尽相同。

---

① 视觉残留：人的视觉器官在看到的物象消失后，仍可暂时保留视觉的印象。经医学研究证实，视觉印象在人的眼中大约可保持0.1秒之久。如果两个视觉印象之间的时间间隔小于0.1秒，那么前一个视觉印象尚未消失，而后一个视觉印象已经产生，并与前一个视觉印象融合在一起，就形成了视觉残（暂）留现象。

1. 按动画数据格式分类

按动画数据格式分类，可将动画划分为位图动画与矢量图动画。位图动画的清晰度取决于图像分辨率，过度缩放会破坏画面效果。矢量图动画以表达式存储图形信息，缩放时不会影响画面质量，但过度缩放会影响动作效果。比如，过度放大时，动作会变得不连续。

2. 按动画制作方法分类

按动画制作方法分类，可将动画分为交互操作动画和编程动画。前者是指从原画创作、模型构建到最后的加工、动作设计、音效、合成、播放和输出，全部采用人机对话的方式，即通过点击软件菜单、参数设计、所见即所得等方式来制作。所谓编程动画，是指主要采用编程的方式来制作动画，而不是通过绘画或建模，再由计算机合成播放。有的编程动画依托某个动画软件，如3ds max中的Maxscript、Flash中的Action、Director中的Lingo等。编程动画往往有出神入化、令人惊叹的效果，尤其适用于抽象的装饰动画和交互性动画，因而在多媒体电子书刊设计中经常被采用。

3. 按动画视觉空间表现分类

按动画视觉空间表现分类，可将动画划分为二维动画和三维动画。以典型软件参照来讲，用3ds max制作的动画就是三维动画，用Flash制作的动画就是二维动画，不过现在Flash也可以制作三维动画。两者除了视觉上的差异外，制作方法也不一样。

三维动画设计对电脑三维技术的依赖性很强，电脑三维技术在表现虚拟道具和想象的场景环境方面具有非凡的潜能。它可建造场景、道具、灯光、材质等一切画面元素，能够达到人造的真实或呈现电脑艺术特有的视觉效果。其镜头的调度非常灵活，可以实现设计者的任意想象。在电脑三维场景中，虚拟的摄像机可进行移动、推拉、旋转等各种动作，与传统的影像拍摄手法相比较，优势非常明显。除了镜头调度的优势，电脑三维技术使动画设计不受制作成本制约，可以制作出特殊画面、道具独特的电脑图形视觉质感。充分利用这些特性优势，能够创造出强烈的镜头冲击力、炫目的光效、缤纷的色彩感官等效果。

二维动画设计有意识地弱化三维风格中的立体造型、金属质感、炫目光效等特征，放弃金属或塑料质感的工业设计视觉风格，转而借力于色彩构成和平面设计。各种画面元素被平面化、图形化，以层和层之间的排列、叠加、嫁接、分解为主要运动方式，将水墨、油画、版画和水彩等绘画手法同CG技术相融合，使二维动画设计的表现手法更趋丰富。

4. 按动画发挥的作用分类

按动画发挥的作用分类，可将动画分为"主角"类动画和"配角"类动画。

第二章
电子书
艺术设计

原理

Animation

New Media

Arts

Animation

New Media

Arts

　　"主角"类动画以专业动画媒体出现，独立负载、传输某种信息，在当前信息展示中发挥着最主要的作用，占据着画面的中央位置和最大面积，成为视觉的中心。如一段经过精心制作的多媒体书籍的片头，将大大提升整个设计系统的技术和艺术分量，能够使阅读者在一个愉悦的视听体验过程中对整个系统有一个大体的认识。

　　"配角"类动画意味着它不是展示的主体，而是为其他媒体展示服务，或者纯粹是为了活跃画面，如各种导航动态提示、界面元素分解动态呈现、动态标题、标题动态点缀、背景动态衬托等。这类动画在视觉传达方面的主要特点表现为：动感并不十分强烈，多是给人以"蜻蜓点水"之感；在当前界面中所处的位置较偏僻，或者占有的面积较小；呈现频率较高，但每次驻留的时间很短；画面非常简单，但很精致或有趣，给人以小巧玲珑、生动活泼之感；尽管是"配角"，但几乎可以充满整个软件的每一个角落，保持很高的"出镜率"。

2.6.2　动画制作

　　动画会使电子书刊设计绽放异彩，显露出一定的艺术品位。动画的实现有很多技术手法，可以用许多软件来制作实现。在制作上，只要合适，无论是专业动画软件还是Director，都可以承担动画的制作任务。动画设计不同于一般的美工设计，它需要考虑人物或物体的二维放样与三维建模，人物和物体表面的材质和颜色选择按总体设计确定帧速率和画面尺寸，在合适的时间、位置设置关键帧并指定相应的参数。但动画设计最为重要的是设计者对动画设计的认识和理解以及自身的艺术修养。同时要注意动画设计是一个过程，是动画设计师对项目的理解、视觉元素的想象力加上运用电脑能力的设计过程，是一个从无到有的创作过程，而对一个动画设计的完成还必须经过"合成"才能实现。

　　在动画设计中，静止的画面元素不具备叙事和表意的功能，它们必须运动起来。文字、几何立方体、几何平面图形、实拍的影像素材等，作为画面元素它们都可归纳为点、线、面。这些点、线、面作为动画设计的画面主体，它们必须通过特定的运动方式，来演绎表达具体的主题含义。运动是动画设计中一个较为复杂的问题，一方面，它来自于画面元素的自身运动；另一方面，它由摄像机的镜头运动而促成。

1. 动画的自身运动

　　时间掌握是动画制作的重要组成部分，它赋予动作以"意义"。牛顿运动定律的第一条：物体自身不会移动，除非有一个力加在物体上。所以在动画制作中，动作本身的重要性只是第二位，更重要的是要表达出促使物体运动的内在原因。当然，不是从字面上去理解这些定律，而是从对物体运动的观察中去理解。对于无生命物体来说，这些原因可能是自然界的力，主要是地心引力。对于有生命的物体来说，外部力量和自身肌肉收缩同样可以产生动作。不过，更重要的是通过活动着的角色体现出内在的意志、情绪、本能等。

其自身运动常见的方式包括：画面元素的分解、聚集、嫁接、相互融合；跳跃、旋转和不规则运动等。利用画面中运动的物体或图形元素，显示画面空间的纵深度和立体感，是动画设计的重要表现手法。任何运动物体的运动都具有一定的方向和角度，观众的视线也会随着物体运动，从而感觉到立体空间的存在。在动画作品的动态呈现中，动态图形可以由残缺渐变为完整、由简单到复杂、由抽象渐变到具象；可以由大到小渐变，产生远近深度及空间感；可以在色相、明度、纯度上渐变，产生丰富的层次美感。此外，动态呈现不仅可以在页面的画面中进行，而且可以打破画框的限制，开放构图，把画内画外的空间综合运用。设计师通过运动方式的设计，表达具体的主体信息、塑造个性动画风格、激发观众的心理认同、满足观众的视觉需求。

2. 动画的镜头运动

运动镜头则通过推、拉、摇、移、跟、升、降等方式使观众的视点流动起来，使得视觉效果更为丰富。运动性镜头的剪接，一般按照以动接动、以静接静的方法，使上下镜头动作有机结合，连贯流畅。运动镜头可以利用摄像机的运动，突破画面的平面化局限。摄像机的运动使画面景观和观众的视角不断变化，使电脑屏幕呈现出一个多平面、多层次、多角度、富有纵深感的立体空间。

2.7 电子书刊音频设计

声音是人类进行交流和认识自然的主要媒体形式，自然也是专业多媒体电子书刊中采用的主要媒体之一。声音因其诸多特性在声画结合的电子书刊设计中被大量运用，电子书刊设计借用声音强化作品的娱乐性，大大提高了受众的阅读兴趣。

为了使声音媒体更好地传达信息，或者使其充分发挥听觉感染力，设计者必须对有关音频的属性进行各种合理的调整，对它们的播放音量、节奏等进行各种实时、有效的控制。

2.7.1 音频格式

1. MP3格式

MP3的全称实际上是MPEG Audio Layer-3，而不是MPEG 3。由于MP3具有压缩程度高（1分钟CD音质音乐一般需要1M字节）、音质好的特点，所以MP3是目前最为流行的一种音乐文件。在网上有很多可以下载MP3的站点，还可以通过一些交换软件（如Napster）进行音乐交换。MP3是第一个实用的有损音频压缩编码。在MP3出现之前，一般的音频编码即使以有损方式进行压缩，能达到4：1的压缩比例已经非常不错了。但是，MP3可以实现12：1的压缩比例，这使得MP3迅速地流行起来。MP3之所以能够达到如此高的压缩比例同时又能保持相当不错的音质是因为利用了知觉音频编码技术，也就是利用了人耳的特性，削减了音乐中人耳听不到的成分，同时尽量维持原来的声音质量。

2. WAV格式

WAV是Microsoft Windows本身提供的音频格式，由于Windows本身的影响力，这个格式已经成为了事实上的通用音频格式。不客气地说，它实际上是Apple电脑的AIFF格式的克隆。通常我们使用WAV格式都是用来保存一些没有压缩的音频，但实际上WAV格式的设计非常灵活，该格式本身与任何媒体数据都不冲突，换句话说，只要有软件支持，你甚至可以在WAV格式里面存放图像。之所以能这样，是因为WAV文件里面存放的每一块数据都有自己独立的标识，通过这些标识可以告诉用户究竟这是什么数据。

3. CD格式

CD是英文Compact Disc的缩写，意为激光唱片，其专业术语原为"数字化精密型唱片及放唱系统"。它可以说是所有音频文件中音质最好的，不过它最大的弱点就是容量太大。

4. MIDI格式

MIDI的全称是The Musical Instrument Digital Interface，即乐器数字界面。MIDI使得人们可以利用多媒体计算机和电子乐器去创作、欣赏和研究音乐。MIDI由三个部分组成，分别是：通信协议（Communication Protocol）、连接器（Connector，即硬件界面）及其传播格式，称为标准MIDI文件（Standard MIDI Files）。

MIDI不是把音乐的波形进行数字化采样和编码，而是将数字式电子乐器的弹奏过程记录下来，如按了哪一个键、力度多大、时间多长等。当需要播放这首乐曲时，根据已记录的乐谱指令，通过音乐合成器生成音乐声波，经放大后由扬声器播出。

5. APE格式

APE是目前世界上唯一得到公认的音频无损压缩格式，由于它的采样率高达800～1400kbps，接近于音乐CD的1411.2kbps，远远高于MP3的128kbps，因此它在压缩后的音质和源文件音质几乎毫无差异，其音质之佳已经过了严格的盲听测试，得到了全世界发烧友的公认，聆听APE将使你如临天籁胜地，充分享受音乐所要表达的内涵。

第二章
电子书
艺术设计

原理

Animation
New Media

Arts

Animation

New Media

Arts

6. ASF和WMA格式

ASF和WMA都是微软公司针对Real公司开发的新一代网上流式数字音频压缩技术。这种压缩技术的特点是同时兼顾了保真度和网络传输需求，所以具有一定的先进性。也是由于微软的影响力，这种音频格式现在正获得越来越多的支持，比如前文说的WinAMP也可以播放，另外也可以使用Windows的媒体播放机来播放。

2.7.2　音频制作

音频制作服从于视频、动画和其他内容的需要，它与文本一起，起着将全部内容串起来的作用。音频工作包括音乐和声响素材的搜集，要采用那些与所表达主题相吻合的素材；音频片断处理要考虑音量的高低以及特殊音响效果的添加；画外音的录制，建议采用高等级的话筒，要求吐字清晰、发音准确。在准备好全部视频和音频素材后，可由视频和音频技术人员共同展开声画合成。有条件的电子出版单位可购买一台音频工作站，配上音效卡和MIDI乐器后，则几乎可以随心所欲地准备音响效果，或通过MIDI乐器作曲。如果制作的音频片断将要与视频合成，则必须注意其延时时间应该与视频片断的延时时间严格一致，且控制好音量的高低。模拟音频素材数字化时要注意采样频率和采样字长，对音乐片断可采用较高的采样频率，而对话语声却不必将采样频率定得过高。

音频素材的编辑通常采用专业软件Cakewalk，可实现选择MIDI事件、音频素材的量化、修改音符长度、倒转音符排列顺序、转调、改变音符力度、录音、改变音色、调整乐曲节拍等操作。此外，Cakewalk也提供了多种效果器。例如自动琶音效果器、和弦分析器、回声延时效果器、MIDI事件过滤器、音符量化器、转调效果器和力度变化控制器等。

2.7.3　声音元素

电子书刊是视听结合的艺术，声音在电子书刊中的重要性越来越受到重视。在电子书刊中构成声音的元素包括：人声、音乐、音响。

1. 人声

人声是指电子书刊设计中人物的对话、解说词等，以信息承载与传播为主要职能。在电子书刊设计中，如对白、解说、演讲等对人声具有较大的依赖性。人声解说对书籍的内容和风格等信息的传达，起着不可替代的作用。同样的画面和镜头，配上不同的人声解说词，观众接收到的信息也就完全不一样。

2. 音乐

音乐多指电子书刊设计中的背景配乐。作为整体结构中的一个元素，音乐起着非常关键的作用。抒情性是音乐最显而易见的特性，在电子书刊设计作品中，虽然并非所有的作品都一定需要音乐，但是恰到好处地利用音乐的抒情性，能够使作品收到更好的效果。例如在一张电子书籍的内文界面中加上合适的、与某些文学作品相关的古典名曲则会增强电子书籍的艺术气质，强化古典文学艺术的魅力。

音乐以其丰富多彩的表现力，成为电子书刊设计作品的重要辅助手段。从实际操作的角度归纳，音乐在电子书刊设计作品中的表现手法主要有以下几个方面：

（1）表现作品主题，渲染气氛

带有音乐元素的电子书刊设计作品无一不利用音乐来突出作品主体，可以说，音乐是以声音来强化作品创作目的的重要手段。某些制作精良的电子书刊作品的主题音乐经过精心设计，它与作品的其他元素，例如视觉形象标志、人物形象等都成为作品的代表。同时，电子书刊也大量利用音乐来渲染不同情境中的不同气氛并增强作品的艺术表现力。

（2）强化动感，节奏感

在电子书刊中，无法想象没有音乐的配合会是什么样的效果。大多数电子书刊设计作品都会借助音乐来增强其节奏感，而在定位于青年人的电子书刊设计作品中，往往还需要利用快节奏的音乐来强化其动感，增强其听觉刺激。

（3）整合不同场景，造成整体感

在图像内容较弱、视觉元素较复杂、变化较多的情况下，利用音乐进行整合，可以使视觉上凌乱的图像形成一个整体。在那些多媒体互动界面以及以文字为主的介绍性电子书刊设计作品中，音乐能够使受众始终沉浸在同一个鲜明的主题中，让受众围绕同一个主题参与作品，进行互动。

（4）转换场景，调整情绪

音乐具有描摹情绪的优势，在电子书刊设计作品中还被当做转换场景、转换情绪的工具。两段不同风格、不同情绪的音乐相连，在听觉上也许是突兀的，甚至是非常不容易被接受的，但是，在以声画结合为基础的电子书刊设计作品中，这种方法却可以很好地连接两段不同的内容，使受众的情绪得到较好的调整。

3. 音响

音响是指人声和音乐之外的声音，一般与画面同步合一。音响包括客观性音响和主观性音响，前者重在写实，后者重在写意。客观性音响是画面中客观存在的声音，多指同期声，它来源于画面之中。例如，按钮音响以及画面中乌云翻滚、狂风大作而发出的音响。主观性音响是指画面中并不存在的声音，以辅助导航为主要功能，是创作者为渲染气氛、增强听觉感染力而特别加入的一种音响。音响显然并不永远是画面的简单补充，我们可以通过蒙太奇手法对音响进行大胆的处理。例如，在《罗马，不设防的城市》中，当男主人公看到自己的爱人在他的眼前被枪杀时，传来一阵爵士乐，它几乎是以一种不人道的方式加深了男主人公的痛苦。

从"音响效果"到"画面效果"，体现出声音在音频设计中的重要性。电子书

第二章
电子书
艺术设计

原理

Animation
New Media

Arts

Animation

New Media

Arts

刊设计作品以声音作为重要的视听组成元素，即人声、音乐、音响作为声音的三大元素，都可以成为音频设计的重要依据和出发点。在实际创作中，应当根据作品的具体类型来决定处理方式，避免运用上的盲目、单调和重复，以尽可能地消除声音运用的苍白无力、堆砌和转换的不自然，让声音和界面密切结合，最大限度地发挥视听结合的魅力。

第三章

电子书刊设计的形式美学原理

无数美学家都试图对形式美下一个定义。林林总总，不一而足。具体说出什么是美的并不困难，而回答美是什么却使美学家们伤透了脑筋，许多关于美的性质的论述把人"越说越糊涂"。有人说曲线具有美的性质，质疑随之而来：直线难道就不能表现美吗？有人说领带具有装饰性美感，如果戴在中式的马褂上又会如何？脱离具体的关系，我们很难确定什么是形式美的固有属性。其原因是：形式美感的产生是有条件、有变化的。形式美主要不是来自形式因素的固有属性，而是从形式关系中产生的，从更为广泛的适应性关系中产生的。从这个意义上讲，狄德罗关于"美是关系"的论断更接近真理。

　　狄德罗说："一个物体之所以美是由于人们觉察到它身上的各种关系，我指的不是由我们的想象力移植到物体上的智力的或虚构的关系，而是存在于事物本身的真实的关系，这些关系是我们的悟性借助我们的感官而觉察到的。然而，我认为，不论是怎样的关系，美总是由关系构成的，我不是指与好看相对的狭义的美，而是指另一层意义，我敢说那种意义更具有哲理性，更符合一般美的概念以及语言和事物的本质。"[①] 狄德罗还进一步论述了这种关系的可变性和能动性："从单一的关系，感觉到的美，往往小于从多种关系感觉得到的美。一张美的面孔或一张美的图画给人的感觉比单纯的一种颜色要多……乐曲胜过单音。但关系的数目也不是无穷地增加，美并不是随之而增长的：在美丽的东西里，我们只接受那些能被远见卓识清楚而容易地抓住的关系。然而，何为远见卓识呢？作品中恰到好处的那一点又在哪里呢？作品不达到这一点会因缺乏关系而限于单调，超过这一点又会因关系过多而显得累赘。这就是产生判断分歧的第一个原因……人们看到大量各种各样的关系：有的互相加强，有的互相削弱，有的互相调剂。人们抓住全部关系还是抓住一部分关系，这就决定人们对一个物体的美具有截然不同的看法！这就是产生判断分歧的第二个原因。"[②]

　　从狄德罗这两段论述中，可以理解三层意思：美是由各种关系构成的；这种关系之间因相互作用而发生变化；从多种关系得来的美要大于单一的关系，而这种关

①　【法】狄德罗.狄德罗美学论文选[M].张冠尧、桂裕芳等译.北京：人民文学出版社，1984：31.
②　【法】狄德罗.狄德罗美学论文选[M].张冠尧、桂裕芳等译.北京：人民文学出版社，1984：34、35.

第三章
电子书刊
设计形式
的
美学原理

Animation

New Media

Arts

Animation

New Media

Arts

系的复杂程度取决于一种适度性。在这里他几乎完整地道出了有关美的基本辩证关系。艺术实践的经验告诉我们，形式会因对比关系的改变而变化，这就是美术形式的能动性，也是艺术形式丰富多彩的原因所在。所以，美术形式的创造并无一定之法，只能在整体的组合关系中去把握。有经验的设计师会预计到这种对比后的变化，从而全面调整形式自身的整体关系，此外，还要考虑设计作品同周围环境的关系问题。进一步从实用效应来看，还要考虑美术形式在用途上的适应性关系。这个理论观点的意义是：这种认识吻合了形式审美和形式创造的实际状况，为我们探索艺术设计形式的规律提供了合理的思路。辩证地看待这种相对关系，对正确认识形式的视觉效应，用理性认识指导美术形式的创造和设计的意义十分重大。

电子书籍装帧作为电子多媒体艺术的出现，还产生了相应的设计规范的审美原则。一个赏心悦目的视觉呈现有赖于设计者的创意（idea）、表现技巧（technique）、编排（lay-out）能力。目前许多国内设计的计算机屏幕视觉呈现是依赖设计者的感觉来处理，或者凭其多年的实务经验来完成。但是感觉相对于设计者而言很难捉摸，因此将美的原则运用于电子书刊设计，形成电子书刊设计的构成原理，可以帮助设计师在其面临缺乏感觉的时候，创作出高水准的作品。

3.1　秩序与变化

纷乱无序、杂乱无章的文字、图像、影像等在和谐共生中能产生出超越知识信息的美感，这便是秩序之美。著名的符号论哲学家厄恩斯特·卡西尔认为："科学在思想上给人以秩序，道德在行为上给人以秩序，艺术在感觉现象和理解方面给人以秩序。"[①] 这一见解虽然未必全面、准确，却言中了美术形式中的一个关键问题，即我们在创造艺术设计形式和处理艺术效果之时，所遵循的规律是什么？通过秩序与变化的研究，会找到探究形式规律的一个重要支点。

3.1.1　秩序感的意义

我们生活在一定的秩序之中，秩序感成为人类的一种适应性需要。人的生物秩序连同人对秩序的感知能力，以及对秩序的适应性选择，都可以成为人的基本特性和本能反应。正如贡布里希在《秩序感》第二版序言中所说："有一种秩序感的存在，它表现在所有设计风格中，而且，我们相信它的根在人类的生物遗传之中。"[②] 根据视觉心理学家提供的科学分析，也根据我们在艺术实践中所体会到的视觉经验，可以确认这样一个认识：人有先天适应秩序、感知秩序的本能，还有来自对生活中

---

① 【美】苏珊·朗格.情感与形式[M].北京：中国社会科学出版社，1986：3.
② 【英】贡布里希.秩序感[M].浙江：浙江摄影出版社，1989：13.

秩序感的判断和选择的多样性要求。前者相对恒定，后者是有条件的变化，这个特点直接影响到对艺术秩序感的追求和多样的秩序化手法。

人或生物有序构成的形体，就像是一种被精心设计的杰作，我们所强调的创造性也未必是能超出造化的大手笔。秩序感来源于人对自然的感受，其艺术设计价值体现在人对自然秩序的适宜性中。另一方面，视觉的有机秩序也需要统一变化。整齐划一、缺少变化的几何形会使人感到单调；一览无余的规律性会使画面失去耐人寻味的意趣。于是，需要考虑这样一种适度的形式变化：在秩序与变化之间保持一种适度关系，将多样变化的丰富性纳入有条理的组织中。

秩序对人类具有双重意义：一方面是秩序对人的适宜性，它表现在生理的适应和生物节奏的合拍上，表现在对条理性、规范性、简约性的适应中，也表现在对秩序与变异的适度把握上。另一方面，是艺术创造的秩序感具有调节作用。它表现在对人多样化需求的调节作用，调节不同目的、不同个性的需求。在一定条件下，秩序与变化的适度选择，才是创造艺术秩序的真义。

3.1.2　秩序感的表现形式

对于秩序化的深化处理方法问题，贡布里希的一次敏锐观察和分析使我们深受启发。他在描述小孩拍球的动作时说："在球每次弹到最高点的间隔里加入动作，小孩会发现有双重的满足：既保持了节奏，又避免单调。我们把这个加动作的过程称作'有层次逐步复杂'的过程，加入的动作类似于视觉艺术和音乐里的装饰成分。"[1] 这段论述启示我们如何理解秩序感和丰富变化之间的关系，同时还描述了一个循序渐进、层次清楚、有效控制、变化丰富的形式处理方法。虽然艺术创作经常需要随机应变，而保持这样一个清晰的思路非常有益。

由于秩序化的涵盖面很大，本书只选择一些基本原理，围绕电子书刊设计的相关问题加以研究。

1.简化为规范化的几何结构

在电子书刊的界面版式设计中，把形象按照某种形式安排，把图形按照某种规律排列，就不会显得杂乱无章，秩序化的结果是简洁明了，其中网格编排设计的几何构成是人类追求秩序美的体现（参见图3-1）。

2.调整为多样化的统一结构

对于美术形式来说，仅仅停留在形态上的简化、秩序化阶段是不够的，通过进一步的调整秩序结构，丰富形式变化，才能满足秩序而有变化的审美心理。重复的运用可获得强烈的秩序感，但单一的重复会让人感到枯燥、乏味，因此重复常常需要一些变化形式。如大小、位置、方向、疏密、数量等，由简单到复杂，从对立到

---

① 【英】贡布里希.秩序感[M].浙江：浙江摄影出版社，1989：26.

第三章

电子书刊

设计形式

的

美学原理

Animation

New Media

Arts

Animation

New Media

Arts

图3-1　秩序化的网格结构　　　　　图3-2　　丰富而不杂乱的图片秩序

调和，最终形成变化比较丰富而又不失统一秩序感的效果。视觉世界具有许多看不见的线，它们不直接表现线的特征，而是呈现出线的势态，引导视觉阅读的秩序，体现的是一种逻辑与秩序之线（参见图3-2）。

3.2　对称与均衡

　　对称与均衡是取得视觉平衡的两种方式。对称是以中轴线为基准，在形状与体量上的完全对等，或者是以中心点为基准的上下左右之间的完全一致。对称的形式是最原始、最简单稳妥的表现手法，如古埃及金字塔和中国的紫禁城以及人体自身都是对称美的典范。而均衡感则是一种形式关系上的"等量异性"和视觉心理上的"体与量的相当"。前者就像是在天平两侧保持的完全一致或等量平衡，后者则像是老式的杠杆，根据杠杆原理而保持的一种不等量的平衡（参见图3-3、图3-4）。

3.2.1　对称感的意义

　　生物中的对称是为了保持生物体两侧的重力平衡，是生理上的需要，是生命活动所必须的条件。如鸟的飞行、人的行走都需要保持平衡，因此必须严格对称。如果不对称，行动时则难以调整重心，会给生命体的生存带来巨大的问题。在现实生活中，人们也在不断地追求身心平衡，以达到一种完美的生存状态。

　　人为的对称与人的视知觉活动密不可分。从格式塔心理学的观点来看，当不完整的形体呈现于眼前时，会引起人的强烈愿望使之和谐完美。人被这种希望把外物形态改造为完美形式的心理支配。视觉上的平衡感是人最基本的心理需求，而对称被认为是组织最好、最有规律的一种完形。通过对称的处理，不完美的图形变得完美了，"在格式塔心理学中，这种趋势被解释成有机体的一种能动的自我调节的倾向，即机体总是最大限度地追求内在平衡的倾向"。[①]

① 　【美】阿恩海姆.艺术与视知觉[M].北京：中国社会科学出版社，1984：141.

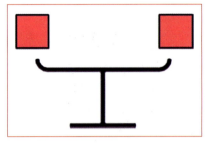
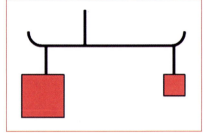

图3-3　等量平衡示意图　　　　　　　　　图3-4　不等量平衡示意图

　　古希腊人十分关注对称现象，认为世界的一切规律都从对称而来。毕达哥拉斯学派认为，圆是最完美的几何图形，因为它们在各个角度都是绝对对称的。亚里士多德认为天体是球形的，因为只有圆球形状才无损于作为天国的完美性。在视觉艺术的发展中，对称出现得越来越多，因为艺术表达的是人对世界的看法与理解，而设计追求的则是视觉美感。严格的对称性看上去是稳定、舒服、合理的，但同时因为太有规则而显得单调，缺少刺激。"凡是简单规则的形，即好的形，都会引起一种矛盾的反映——既想保留它，又想改变它。"[①]生活中人们的审美要求仍然以均衡为多，以均衡打破对称的呆板局面。

3.2.2　对称感的表现形式

　　对称关系体现了自然和生命形态的静止状态，表现出规则的、整齐划一的机械秩序，可以产生安静、和谐、庄重感，被古典主义绘画和建筑装饰所广泛采用。

　　对称的形式可分为四种：双侧对称、旋转对称、球辐对称、两幅对称。

　　双侧对称，是指以中轴线为轴心的左右对称。

　　旋转对称，是指以对称点为源的放射对称，其中每一部分都相同，如雪花、车轮等都具有旋转对称性。

　　球辐对称，是指从球心作同心圆排列或辐射状排列，如球体、蒲公英的种子属于球辐对称。

　　两幅对称，是指在三个互相垂直的坐标轴中，两个平面上同时存在着双侧对称，如橄榄就属于两幅对称。

　　在电子书刊设计中，对称式的构图常常具有一种庄重地仪式感。构图的对称被认为是传统的设计方式，但处理得好同样可以传达出现代意味（参见图3-5）。

3.2.3　均衡感的表现形式

　　均衡感不是在中心两侧同质、同量、同距的关系中保持力的平衡，也不是仅表

---

① 【美】阿恩海姆.艺术与视知觉[M]．北京：中国社会科学出版社，1984：116.

图3-5 严格的对称性

第三章

电子书刊

设计形式

的

美学原理

Animation

New Media

Arts

Animation

New Media

Arts

图3-6 均衡的构图

图3-7 动态趋向改变了原有布局的不均衡

图3-8 [法国]Brune Monguzzi 现代
舞蹈海报

现在形式因素的布局关系上，它是多种形式因素组合的对立统一体，这种关系的多样化处理可以使形式效应灵活多变。均衡形式主要通过经营位置、比例、色彩等因素取得，还可以凭借形象的运动趋势、心理特点实现，这一特点为艺术创作、设计方法提供了变通的余地，可以产生更耐人寻味的视觉享受。

1. 根据杠杆原理产生的均衡感

根据杠杆原理，距离中心越远，显示分量越重，面积较小的形体也能够"压得住阵"。这种均衡式的构图在艺术设计中比比皆是。一般认为，这是生活中的物理现象影响了我们的视觉心理。在适当方位的小面积图形，犹如杆秤中的秤砣，可以"四两拨千斤"，以少胜多，保持均衡。构图中的均衡感是心理感知上的平衡，是一种形式感受，有布局、搭配之意。例如，Jonathanyuen的界面设计以清新、朴素的风格给人留下深刻的印象。利用黑色的剪影效果营造出一个个童年情景：戏鱼、吹哨、听鸟、观蛙、望远。这种简约的艺术效果源于对传统中国画和剪纸艺术的借用，用色彩的简化映衬对形式与细节的完美追求（参见图3-6）。

2. 根据形式的指向性或意向性因素形成的均衡感

均衡感来自力的运动，力的方向或图形的趋向性可以影响均衡感（参见图3-3）。均衡感以它有规律的变化、有动感的平衡、有矛盾的统一，产生了同中有异、静中有动的形式感，这种形式具有曲尽其意的表现力，有更为丰富的艺术魅力，因而具有更为广泛的用途（参见图3-7、图3-8）。

3.3 节奏与韵律

节奏与韵律是密不可分的统一体，是美感的共同语言，是创作和感受的关键。人称"建筑是凝固的音乐"，就是因为它们都是通过节奏与韵律的体现而造成美的感染力。成功的建筑总是以明确动人的节奏和韵律将无声的实体变为生动的语言和音乐，因而名扬于世。英国唯美主义运动的理论家和代表人物沃尔特·佩特曾说："所有的艺术都在不断地向着音乐的境界努力。"[①]

3.3.1 节奏感的意义

自然界中的各种运动，如天体运行、四季的更替、昼夜的交替、月的圆缺、潮起潮落、生命的孕育、衰老与死亡，都存在节奏。自然界中各种视觉现象，如地壳运动所形成的高低起伏的山峦，向水中掷一颗石子所泛起的一圈圈波纹，树木的生长形成道道年轮都是有规律的变化，都具有某种节奏感。人类身体的各种反应，如走路时手臂不自觉地前后摆动，在书写时指与腕的移动，也都具有简单的规律和节奏。任何手工劳动都是由各种小动作组成，双手的移动随着呼吸或心跳而有了一种节奏，这反映在手工艺人的作品中，如雕刻中充满着生命感的刀痕，编结或针织物中的穿插错落，都体现着一种生命的律动。

3.3.2 节奏感的表现形式

节奏来自音乐术语，在音乐中被定义为"互相连接的音，所经时间的秩序"，在造型艺术中则被认为是反复的形态和构造。在图案中将图形按照等距格式反复排列，然后作空间位置的伸展，如连续的线、断续的面等，就会产生节奏。节奏感是对生物节奏的感受、适应的结果，而更进一步的表现则是艺术家对不同节奏感的选择。在音乐中，决定节奏的因素是时间的延续和音的强弱；视觉中的节奏则是通过点、线、面的大小疏密，色彩的对比调和，笔触的顿挫疾缓，形体的动态，构图的安排等来形成的。在电子书刊设计中，节奏是一种综合的体验，视觉图像的节奏与画面的运动、切换的急缓，音乐的起伏交织融合在一起。在设计中涉及视觉元素和听觉元素，包括文本、背景、按钮、图标、图像、表格、颜色、导航工具、背景音乐、动态影像等，要考虑的是如何将视觉与听觉的节奏结合起来。

1.通过有序重复形成的节奏感

节奏是规律性的重复，这是一种协调的、容易为视知觉把握的艺术效果，形成秩序感和装饰美。节奏感是把相近的形式因素，按照某种秩序和规律进行重复排列和延续。无论音乐节奏还是平面形式的节奏感都具有这种共同特点。在界面设计

---

① 【英】贡布里希.秩序感[M].浙江：浙江摄影出版社，1989：314.

中，点、线、面、空间、光影、色彩等元素的组合可以构成丰富多彩的节奏形式（参见图3-9）。色彩的节奏有其独立的规律性，色彩的明度、饱和度、互补性、冷暖关系等之间既有明确的梯度关系，又存在相互对抗的对比关系，通过对比与调和可以形成音乐般的节奏（参见图3-10）。

2. 通过局部反差形成的节奏感

以有规律的变化和局部反差来丰富和调节人的视觉秩序，可以形成一种活而不乱的艺术效果。构成形象时面与面的叠加、交错可形成半透明或透明的拼贴效果，穿插错落，虚实相对，形成复杂、多变的韵律。设计要素（如强弱、大小、高低、虚实等）的有规则的变化，可显现抑扬顿挫的情调节奏（参见图3-11）。

3.3.3 韵律感的表现形式

韵律原指诗歌中的声韵和格律。韵律是节奏的变化形式，将节奏的等距间隔为

图3-9 画面的重复与节奏感

图3-10 几何色块之间有节奏的变化

图3-11 界面设计中蕴涵着秩序与节奏

第三章
电子书刊
设计形式
的
美学原理

Animation

New Media

Arts

Animation

New Media

Arts

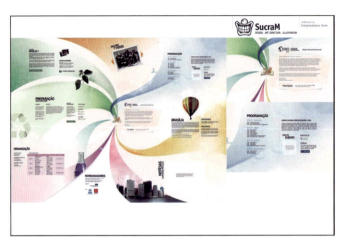

图3-12　具有韵律感的图形与文字的组合

几何级数的变化间隔，赋予重复的音节或图形以强弱起伏、抑扬顿挫的规律变化，就会产生优美的律动感。在节奏感上加以动态变化或情态因素，就是韵律感。这时秩序感和动感的结合，是一种有规律的动态变化。相对节奏感而言，韵律感具有一定的随机性，体现了自由运转的内在规律。它有动态、有趋向、有节奏，而且大多呈现曲线运动的变化，构成了韵律感的基本表现形式（参见图3-12）。

节奏与韵律在艺术中是互通的，二者往往互相依存，互为因果。韵律在节奏的基础上丰富，节奏是在韵律基础上的发展。一般认为节奏带有一定程度的机械美，而韵律又在节奏变化中产生无穷的情趣，如植物枝叶的对生、轮生、互生，各种物象由大到小，由粗到细，由疏到密，不仅体现了节奏变化的伸展，也体现了韵律关系在物象变化中的升华。

3.4　对比与统一

对比与统一是一对辩证的矛盾关系，是宇宙运行发展的根本规律，是形式美的一种基本性质。我们在探讨形式美时，既要求统一，又要寻找对比变化。光统一而无对比变化会使作品流于简单、呆板、浅薄、乏味；只有对比变化而无统一则会使作品失于散乱、破碎。因此我们应该讲求既统一又对比，既主题鲜明、基调一致，又变化丰富、具体鲜活，这样才能使作品完整统一、特征强烈，同时又精致耐看、生动灵气。统一可以借助于夸大或强调画面中的某一元素，使其占据画面的绝对优势，以形成画面的主调。在此前提下，强调细节的对比变化，激活其内在张力，让局部出现亮点，真正做到"尽精微，至广大"。　在电子书刊设计中，随着画面不断地变化流动，对比与统一在这里可以使电子书刊设计作品达到珠联璧合、相辅相成。

3.4.1 统一感的表现形式

艺术设计中的统一是指设计作品所体现出的整体性与一致性。形式的统一是对各种对比关系的把握与协调，从而达到和谐的效果。从视觉心理学上讲，在观看物体时，视觉心理总是在能动地寻找内在的组织关系并将其归纳成为一个整体。原始而散乱的形式因素如果没有形成内在规律和组织结构，就不成其为艺术形式，就像一片随意堆放的静物也不具备构图的艺术设计效果一样。

1. 以相似性或趋向性构成的统一感

视觉心理容易把相似的形式因素视为一个整体，特征相似的形状可以构成整体形式感。例如，战国时期的云纹装饰具有优美和谐的整体效果，其原因之一就是云纹的相似曲线统一了整体形式感，如果把各种的三角形、矩形混杂在一起，形式整体的协调感就荡然无存。

电子杂志往往会对每一篇文章采用不同的排版设计，但是在一些特殊情况下，比如在策划一系列特辑文章的时候，如果在同一主题的文章中都采用同一的字体和色调，整册杂志就会井然有序，避免造成散乱无章的印象。总之，色彩近似、大小近似、同类风格、相似的形式因素等，这些相似形的组合关系都可以被视觉心理归纳为整体的形式效应（参见图3-13）。

图3-13　电子杂志设计中色彩关系的对比与统一

第三章
电子书刊
设计形式
的
美学原理

Animation
New Media

Arts

Animation

New Media

Arts

 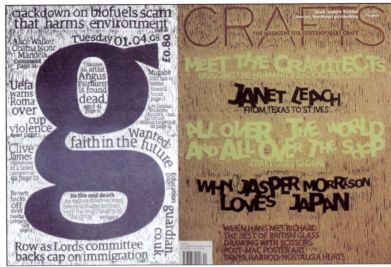

图3-14　文字与图片统一于抽象的几何风格　图3-15　字体的大小对比与色彩的色相对比

2. 贴近性与视觉连续性构成的统一感

贴近性是指各种形式因素之间的距离彼此接近，以形成统一感。在组织形式关系时，由于视觉容易把邻近的东西看成一个整体，所以形式因素的布局和距离也是一个需要考虑的因素。

在艺术设计作品中,视觉连续性成为其作品完整统一的有效表现手法，既加强了彼此之间的联系，亦使作品的完整性、圆浑感愈加强烈。电子书刊设计中画面的呼应与连贯是联系与协调画面整体统一感的枢纽，亦是电子书刊界面上节律感得以体现的内在玄机与有力保障。这就要求电子书刊中界面剪辑的流畅、画面图形元素运动的舒畅以及图形元素的首尾呼应，让整个作品浑然天成，如"吴带当风"般气韵生动（参见图3-14）。

3.4.2　对比感的表现形式

事物在对比中才能尽显本色，只有经过对比才能使双方特征变得更加强烈。因此，无对比也就无关系可言，只有在不同的对比关系中，才能形成画面的张力，也才能平添其艺术魅力。统一的作用是使矛盾的双方趋于平衡，即协调双方的对比关系（参见图3-15）。

对比的表现形式是指有效地运用任何一种差异，通过大小、形状、方向、明暗以及情感变化等对比方式，把读者的注意力吸引到设计的主题部分。只有产生变化和差异才能形成对比。在艺术设计的布局上，形与形之间的贴近或接触、重叠，会被看成是有联系的整体形式，所谓疏密聚散关系，实际上就是通过视觉归纳后形成

图3-13

的不同疏密体的对比关系。现代设计作品为了获得特殊的效果，常常有意打破视觉上的平衡，通过不平衡，加入不和谐元素，以造成冲突、矛盾的视觉效果。

3.5 比例与尺度

第三章
电子书刊
设计形式

的
美学原理

Animation

New Media

Arts

Animation

New Media

Arts

比例的观念早在古希腊就被确立为美的源泉，毕达哥拉斯有"美即数的和谐"即比例的和谐的论述。所谓比例是事物形式因素部分与整体、部分与部分之间合乎一定数量的关系。比例就是"关系的规律"，凡是处于正常状态的物体，各部分的比例关系都是合乎常规的。匀称的比例关系，使物体的形象具有严整、和谐的美。我国木工流传的"周三径一，方五斜七"的口诀，就是制作圆形或方形物件的大致比例。古代画论中有"丈山尺树，寸马分人"之说，人物画中有"立七、坐五、盘三半"之说，画人的面部有"五配三匀"之说，这些都是人们对各种景物之间和人体结构以及人体面部结构的匀称比例关系的认识和概括。

尺度即人们用以衡量事物的审美标准，也就是我们经常提到的艺术火候与分寸感。形式美的尺度指同一事物形式中整体与部分、部分与部分之间的大小、粗细、高低等因素恰如其分的比例关系。对尺度掌握的娴熟程度标志着艺术家的艺术修养与能力的高低。无论是作品的形体比例、配色比例或构成比例，均应精益求精，以求达到"增一分则多，减一分则少"的完美程度。尺度是一种无法触摸但又非常真实的特性，对于这种特性的领会是视觉艺术家最具价值的财富之一。要培养一个人自身的这种敏感性，就是能让他逐渐通过直觉意识到美的关系。

形式以其自然属性同人的生理本能相适应，有一种有趣的现象，即人对特定的比例几何有着相同的爱好，如众所周知的黄金比即是典型的例证。黄金比广泛存在于大自然中，大量体现在动物、植物结构中，也存在于人类自身。黄金比反映了生物结构的某种规律，能够适应人的某种生理和功能需要，因而能引起好感。以黄金分割率为一个标准，一种广为流传的说法是，比黄金比率更细长的矩形是一种女性图形。与之相反，随着它逐渐趋向于正方形，这个矩形就会变成更加男性的构图（参见图3-16、图3-17、图3-18）。

关于黄金分割在艺术作品中的意义，自古以来就有许多探讨。在空间艺术绘画雕塑等造型中，这种比率首先受到注意。在时间艺术，如音乐舞蹈等过程高潮设定问题上，这种比率也逐渐被意识到。

图3-16 【加】Jill Greenbery
《表演: bella qVI》

图3-17 【加】Jill Greenbery 《表
演: bella qII》

图3-18 【加】Jill Greenbery
《表演: bella qV》

3.6 具象与抽象

3.6.1 具象

简单地说，具象就是再现人类经验可以辩视的具体形象与形态，即对客观对象的具体描绘。抽象一词的本义是指人类对事物非本质因素的舍弃和对本质因素的抽取。在视觉艺术领域，具象与抽象往往是优势互补、相映成趣。常常在具象表面的深层有着抽象的严谨结构、节律关系与构成美感，即画面的形式美感。

在电子书刊设计中，具象往往给人以具体、生动、感性和直观入世之感，而抽象则赋予画面以归纳、概括、理性与超然出世之趣。具象的生活感受加上抽象的形式美感，共同营造画面的诗情画意。具象与抽象的配合使画面如虎添翼，增添无穷的魅力。画面中的具象形象与抽象的形式美感为视觉增添活力。具象与抽象两者相辅相成、互为补充，同时又各取所长、各司其职，共同营造出电子书籍的主题与特色。

3.6.2 抽象形式的性质

1. 间接性

由于抽象形式脱胎于具象表现，决定了它传情达意的间接性，含蓄性。它只是一个寄情的载体、转换的中介。抽象形式所表现的情态、情调，不同于日常生活中的感情，它只是提供某种形式特征，落脚在有形的"态"和无形的"调"之中，不能表现具体的生活感情。它是具有感情色彩的形式意味，只是触发感情共鸣的中

第三章

电子书刊

设计形式

的

美学原理

Animation

New Media

Arts

Animation

New Media

Arts

介，不能像抒情诗一样直接抒发感情。例如，它不能直接表现如刚的斗志或如水的柔情，但可以显示或柔或刚的形式美感。许多理论混淆了两者的区别，从而夸大了形式表现的作用。如图3-19所示，这是一个高度图像化的界面，能形象地提供交互和连接。

2. 宽泛性

一条蜿蜒自如而又灵动多变的曲线，可以蕴涵轻松、活泼、自由、富有生命力等多种形式意味，这就是它的宽泛性。一种线条，既可以表现人体的优美，又可以表现水的流动；它既可以畅快心灵，也可以"引导眼睛追逐其无限的多样性"，使视觉心理得到满足。很难说清曲线是因人体而美，还是因水的流动而美，世间的万事万物本来就具有共同性和多义性。

形式的宽泛性开辟了更广阔的表现天地，它的不确定性扩大了想象天地。抽象形式可以独立表达意象，激发出多种效应：也许是一种生理上的快适感，也许是对生命律动的合拍。由于人类对形式的视知觉有相通之处，抽象形式效应具有一定约定俗成性，因而具有普遍意义。相同之处是基本的，差异是个别的，而且差异也不至于太离谱。如果抽象的形式感没有被感知、解读和沟通的可能，"一人动笔，万夫莫解"，就会成为一种神秘的鬼画符般的东西（参见图3-20）。

以上我们论述了形式美的一些法则，形式美感以形式美法则为指导思想和行动纲领。形式美法则中贯穿着辩证思想，将秩序与变化、对比与统一、节奏与韵律、对称与均衡等上升到一个宏观调控的高度，这里形式美法则起了一个理性整理归纳的作用。

电子书刊设计离不开艺术形式美的指导和引领，它依靠和运用形式美法则来提高和完善电子书刊设计的质量和艺术表现力。实践证明，大凡符合艺术规律并自

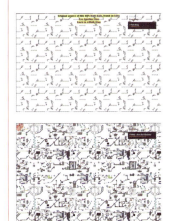 

图3-19　抽象的符号元素构成的界面　　图3-20　线条的宽泛性

觉灵活运用形式美法则来创造画面的视觉语言效果的设计作品，会收到较满意的效果。由此可见，形式美法则这一艺术辩证法可以说是放之四海而皆准的艺术真理，是经过无数艺术工作者辛勤劳作并在其所积累的丰富实践经验上建立起来的艺术法宝，对电子书刊设计的作用与影响亦不言而喻。

　　人类从最早的劳动和生活中形成了对形式的认识和感受，并逐渐形成了美感，形成了对形式规律的认识和把握，这种认识和把握是不断变化和发展的。形式美法则亦客观地告诫我们，要善于从生活这一艺术源泉中去寻找和发现艺术形式美的踪迹，不断地汲取和积累艺术形式词汇，加深理解和认识形象语义学的真谛，并善于利用形式美法则这一艺术武器来解决电子书刊设计中遇到的困难和问题。正如阿恩海姆所说："那种认为艺术所要达到的目的就是为了达到平衡、和谐等类完美的形式关系的观点，只能把公众引入歧途，甚至还会给艺术实践带来灾难性的后果。不管一件艺术品是再现还是抽象，只有它传达的内容才能最终决定究竟应该选择什么样的式样去进行组织和构造。因此，只有当平衡帮助显示某种意义时，它的功能才算是真正地发挥出来了。"[①] 因此，我们有必要不断地提高电子书刊设计人员的整体素质与艺术修养，要能够从大千世界中敏锐捕捉到所需要的形式美感与艺术形式表现语言，并能准确、灵活、稳妥地加以选择运用。人类本能的需要并追求形式美感，亦将为形式美感的深化与发掘具有积极的意义，使艺术形式美成为人类生活方式、生存理念与行为准则的一部分，指导多种艺术创作以及电子书刊设计的实践。

---

① 　【美】阿恩海姆.艺术与视知觉[M]，北京：中国社会科学出版社，1984：40.

第四章

电子书刊设计制作软件基础

CHAPTER

4.1　电子书刊设计制作常用计算机软件概述

随着网络的出现和电子出版物的飞速发展，制作各类电子读物的工具软件也层出不穷。如今，每个人都可以非常简单、迅速将自己的作品、资料制作成电子书籍在网上进行传播。面对五花八门的电子读物制作工具，到底选择哪一款软件好呢？下面将介绍常见的六大类电子读物制作工具软件，以方便大家各取所需。

4.1.1　EXE输出格式类制作工具

目前，很多电子书都是EXE输出格式，这种格式的相关制作工具也是最多的。它最大的特点就是阅读方便、制作简单且制作出来的电子读物相当精美，无需专门的阅读器支持就可以阅读。这种格式的电子读物对执行环境并无很高的要求。但是这种格式的电子图书也有一些不足之处，如多数相关制作软件制作出来的EXE文件都不支持Flash和Java及常见的音频视频格式。常见的EXE输出格式类制作工具有以下12种：

1. Activ E-Book Compiler4.22

软件简介：该软件是同类产品中比较出色的一款。它支持基本的HTML元素、图片、音频、表格、框架、CSS、Javascript、Add-Ins等。软件的操作界面从左到右共分为9个选择标签，即电子图书资讯、加密、过期、安装、开始执行资讯、用户界面、输入文件资讯、Add-Ins和输出文件资讯，所有选项一目了然，为我们提供了强大的编辑功能并且使用起来十分方便。另外，该软件对中文的支持也很好。

注意事项：在操作过程中，如果需要修改某一项的属性值，选中那一项并双击鼠标，软件会自动弹出该选项相应的编辑视窗，修改完毕后软件会自动记录您的操作。由于该软件的未注册版本对使用者的操作做了很大程度上的限制，建议您注册该产品。

2. ePublisher Gold1.5

软件简介：该软件以使用向导的方式引导用户制作出版电子图书。软件支持基本HTML元素、CSS、Javascript等相关技术。软件要求制作者和读者的电脑上安装有IE4.0或以上版本。软件除基本功能以外还具有以下特色：可以加入作者的版权资讯；支持编写电子图书资讯（即"关于"对话方块）；可以对全部文件或者单个文件进行存取许可权限制；软件制作的EXE文件压缩率高于同类产品，这也是该软件的一个优点。

制作步骤：单击Next按钮略过欢迎面板，加入制作者、网址和版本资讯。在接下来的页面中我们需要加入待组建的文件（注意最好将图片文件和页面文件放置在同一个目录下面）；然后设置执行时出现的图片、起始页面、首页、关于对话方块文本等，可以对页面进行保护，制作出的页面可以是单个页面也可以是多个页面；最后一步就可以组建输出EXE文件了。

3. E-Book HTML Compiler Pro2.12

软件简介：该软件提供了最基本的制作选项，软件支持最基本的HTML元素，如框架、图片、表格等，支持使用48×36的动态图片作为产品的标识。但不可以直接换掉EXE文件图示，不支持CSS、Javascript等技术。与其他软件不同的是，该软件可以按照用户显示器的解析度来随意调整执行的默认视窗大小。另外，软件还支持点击音效，并且在安装文件中有一个名为E-Book Compiler Encryption的工具，可以使用该工具来对文件进行加密。在E-Book HTML Compiler Pro+版本中，软件还给我们提供了设置产品存取权的面板。软件的使用方法与其他软件类似。在使用该软件的过程中要注意以下两点：一是单击打开文件以后，您选择的目录下面的所有文件将会被加入到文件列表框中。但是请您注意，如果您制作完一个产品之后，请务必将文件列表清空！否则，下一次软件还会将上一次的文件捆绑到当前的EXE文件当中。二是软件在组建HTML文件以前，要求用户输入EXE文件执行的起始页面，否则将会提示找不到页面，请注意一定要保证文件名的尾码也一定要正确。

4. HTML2 EXE2.2

软件简介：该软件支持常见HTML基本元素，包括表格、表单、图片、背景音乐等，但不支持Java、Javascript、CSS等相关技术。软件的操作界面很美观并采用了IE风格的浮动图片变色按钮。虽然软件的操作比较简单，但是软件在作品的版权保护方面还需加强。另外，我们可以指定当前默认的HTML编辑器对页面进行编辑。但是需要说明一点：不要使用中文作为组建的文件和资料夹名。软件提供给我们两种储存格式：EXE和H2E。如果储存为后者，则只能使用该软件的Viewer进行存取。在读者的电脑没有安装浏览器的情况下，这种方式便显得十分有用了。软件还会对输出的文件进行LZH压缩，而且还可以更换成品的标识（bmp或ico格式）。

5. InfoCourier1.38

软件简介：InfoCourier1.38现在已不能更新，它与Webcompiler2000都是一个公司的产品，但是由于InfoCourier是一个16位元的软件，它的执行平台是Windows9X，所以它不能正常工作在WindowsNT或Windows2000环境下。软件的操作界

第四章

电子书刊
设计

制作软件
基础

Animation

New Media

Arts

Animation

New Media

Arts

面十分简单，组建文件时提供的选项很少，只能设置常用的工具是否可用、视窗状态、过期时间等。另外，该软件只支持基本的HTML标识，不支持框架、CSS、动态GIF图片、Javascript等。要说明一点，由于在InfoCourier中浏览的页面效果和IE以及Netscape稍有不同，所以请在组建前仔细检查每一个页面以保证读者能看到相同的效果。

6. MediaPacker2.0

软件简介：该软件组建生成的界面与其他软件风格不同，翻页、列印、关闭等按钮均在视窗的右上方并且阅读界面近乎全幕。软件要求读者的电脑上安装有IE4.0或以上版本。该软件支持图片、表格、框架、CSS等HTML基本元素。软件以向导的方式一步一步引导用户制作电子读物。整个制作过程明朗、简单，提供了相当多的选项给用户来设置最后EXE文件的格式，而且对电子读物的安全性和版权等相关问题都作了相当多的考虑。值得一提的是，该软件安装后带有一个提供给用户的KeyGenerator，这个工具用来设置出版的电子读物的使用权限，它较好地保护了作者和出版商的利益，这也是该软件最有特点的地方。

注意事项：在导入组建出版文件的时候，由于该软件不能自动搜寻放置在其他目录下的文件，请注意把图片等与页面相关的文件和页面文件放置于同一目录下，否则将会出现组建后的EXE文件无法显示图片等相关文件的现象。

7. WebExe1.4

软件简介：该软件是专门用来将HTML文件转化成EXE文件的，其优点在于它使用了智慧向导来引导使用者一步一步完成整个制作过程。所以，我们不用担心制作的时候忘记什么，按照软件提供的向导我们可以轻松制作出精美的电子图书来。另外，该软件的操作界面简洁、明了，使用起来很方便。但是不足之处是，软件不支持Java、Javascript、DHTML、Flash等技术，不可以直接换掉输出文件的图示，必须借助于相关的工具来制作。该软件到目前为止还没有Linux以及Mac版本。

8. EbookBuilder4.0

软件简介：该软件最大的特点就是它的拖曳操作，即当我们打开一个目录时，软件会将目录中的所有文件显示在文件列表中，我们可以从列表中选中一个或者多个文件通过拖曳的方法将文件加入待组建的文件列表中。而我们可以在待组建的文件列表中控制文件的排序和执行顺序。另外，在制作过程中我们可以任意指定整个文件执行的开始和结尾。该软件支持HTML基本元素以及CSS，但是不支持Javascript、Java等技术。另外，该软件在组建输出的EXE文件执行过程中可以直接跳到指定的页面，这是很方便的一项功能，但是它没有对组建文件作任何的版权限制，所以这不利于作者以及出版商的权利和利益。在最后组建输出以前，请读者最好加入整个文件执行的开始和结尾标识，即单击软件功能表Insert下的BookBegin和

BookEnd来指明执行的开始和结尾之处。当然，我们需要将右边待组建的文件进行排序，否则很可能使得最后的执行顺序不对。

9. HyperMakerHTML2002.06

软件简介：该软件是同类产品中支持文件格式和效果最多的软件，性能相当出色。该软件支持HTML3.0及以后版本大部分的识别字；支持Flash、Acrobat、AVI和MPEG；可以嵌入Word、PowerPoint、Zip格式的文件；支持动态标识的使用；使用HyperMakerViewer存取支持点击音效。值得一提的是，该软件自身带有阅读器，我们在输出文件以后不需要专门的阅读器就可以进行存取，软件自身的阅读器可方便我们在制作过程当中查看页面的浏览效果是否符合要求。另外，该阅读器可以播放MIDI、WAV、MP3、AVI和MPG格式的音频视频文件，可以存取PDF和Flash文件，可以存取Word、Excel等文件，这些特性都是同类产品所无法比拟的。所以通过上面可以看出，该软件在同类产品中的确具备相当专业的水准。不足之处是，HyperMakerHTML2000软件的制作过程相对于其他软件来说较复杂，并且该软件没有给我们提供向导功能，所以整个制作步骤需要我们手动完成。另外，该软件不支持CSS，输出文件的大小在同样的条件下比别的要大一些。

10. WinEBookCompiler2.3

软件简介：SWB文件格式是该软件专有的文件格式。这种格式的文件需要WinEbookCompilerViewer来阅读。该软件支持TXT、RTF两种文件格式，而且可以对页面进行编辑，如插入图片、超链接等。值得一提的是，该软件支持播放背景音乐，这是一个非常好的功能，读者可以设想边看书边听音乐的感觉，而且可以根据书中不同的情节设置不同的音乐。该软件还具有其他显著的特性：文件的页面切换效果独一无二，翻页的时候，下一页会从屏幕右方"滚动"出来并带有音效，还可以控制翻页速度；支持人声朗读文本，但目前还不支持中文朗读；无需返回目录即可通向任意页面（通过下拉功能表实现）；支持放大缩小文本；支持文件加密功能。由此可以看出，该软件具备其他很多软件没有的优点，但是由于所支持的文件格式只限于TXT和RTF，所以很多目前基于Web的技术都不能够实现。另外，对该软件的局限提出以下三点，希望读者注意：不可以超过100个Chapter；每一个Chapter的大小最好不要超过312KB，否则打开时将会等待很长时间；最好不要打开超过5个阅读视窗，否则会容易出现问题。

11. NeoBook4.0.9

软件简介：该软件是同类产品中比较"另类"的一款。我们习惯于将多个Web页面以及图片等其他文件导入软件中，然后通过编辑直接输出EXE文件。但是该软件完全不是这样。可以这样说，制作一本电子图书的所有过程需要作者手动完成，包括文字编辑、图片音频文件的插入、颜色的搭配、文字图片定位，甚至翻页按

第四章
电子书刊
设计

制作软件
基础

Animation
New Media

Arts

Animation

New Media

Arts

钮都得由作者来制作。所以，该软件的优点在于制作电子图书从始至终完全由作者一手来完成，而我们不可以将已经编辑好的HTML文件插入到软件中，否则只会出现HTML文件的源代码。该软件默认识别的文件格式是TXT。，它还带有一个浮动的编辑面板，可以帮助作者编辑文字、插入图片、制作按钮等。当然，用户也可以自己来指定编辑各种格式的文件的编辑器。汇出的EXE文件在执行的时候将以全屏幕的方式来显示。该软件还有一个显著的特点，那就是允许用户自己编写Action。例如，如果你想实现翻页按钮的功能，那么你必须加入例如GotoPrevPage这样的Action。在页面切换的时候也可以加入相应的Action。该软件在编辑使用的灵活度上给我们留下了极大的余地，而且我们可以根据自己的喜好创建很多动态的效果，但是它抛开了传统的插入HTML文件汇出EXE文件的模式，这对于初学者来说不是很好的一件事情。

12. BoxBuilder

软件简介：该软件是同类软件当中较简单的一个。执行该软件以后(如果是首次执行，该软件将会提示输入密码，这个密码在软件的打包文件中有)，视窗上面只有三个按钮：SelectSourceFiles(选择原始文件)、CreateTarget(创建目标)、Help(帮助文档)。它几乎不支持所有的Web技术，而且你需要将图片文件放置在和HTML文件相同的目录下面，否则它是不会自动找到图片的正确位置的。该软件的操作步骤极其简单(两步)：选择HTML文件(多选)；输出成EXE文件。该软件无任何输出文件设置选项，没有防止拷贝等相关的保护措施，就连最后输出的EXE文件的工具栏也只有一个——Home按钮。如果你想偷懒的话，这个软件是再适合不过了，两步就搞定了！

4.1.2　CHM输出格式类制作工具

CHM文件格式是微软1998年推出的基于HTML文件特性的帮助文件系统，以替代早先的WinHelp帮助系统，在Windows98中，CHM类型的文件被称为"已组建的HTML帮助文件"。被IE浏览器支持的Javascript、VBScript、ActiveX、JavaApplet、Flash、常见图形文件（GIF、JPEG、PNG）、音频视频文件（MIDI、WAV、AVI）等，CHM同样支持，并可以通过URL与Internet联系在一起。这种格式的电子读物的缺点是：要求读者的操作系统必须是Windows98或NT及以上版本，另外，还要求读者的操作系统安装有Microsoft Internet Explorer3.0或以上版本。常见CHM输出格式类制作工具有以下5种：

1. Microsoft HTMLHelp Workshop1.32

软件简介：该软件是微软开发的CHM文件的专业制作工具，其最大的特点就是它的易用性和强大的编辑功能。由于此软件是微软官方发布的软件，所以目前许多人都在使用它制作CHM文件。CHM文件对原始文件的压缩率特别高，所以这种格式的文件在很多领域都有应用。另外，该软件的安装文件中除了HTMLHelpWorkshop（以下简称为HHW），还有一个名为HTML Help Image Editor的图像处理工具，该工具可以实现简单的图像处理效果，对制作编辑起了很大的辅助作用。该工具还可以制作目录文件（.hhc）、索引文件（.hhk）等。

2. West Wind HTML Help Builder2.55

软件简介：该软件是一个功能强大的专业CHM档案制作软件，但是它的易用性不是很好，对初学者来说可能需要仔细研究一番。与Microsoft HTML Help Workshop相比，它留给我们的自由发挥余地更大，除了工程文件、主题文件的创建以及组建CHM文件采用了向导的方式以外，其他诸如内容的嵌入还需要手动完成。该软件提供了强大的编辑功能，并可以制作一个Topic Tree，这也是它比较有特色的地方。另外，我们可以直接在该软件中编辑HTML文件的源代码，无需调入其他编辑器即可对当前文件进行修改，这是很方便的一个功能，制作方法与其他软件类似。

3. HTML Help ePublisher1.1

软件简介：该软件自身不具备直接输出CHM文件的功能，它需要用户的电脑上安装有hhw.exe[/URL]文件（即HTML Help Workshop的执行文件）。该软件采用了报表状的编辑界面，对整个CHM文件的结构显示得十分明确，而且可以动态地改变文件的图示。准确地说，该软件只是在组建输出CHM文件以前的编辑软件。因为如果用户想对列表中的某个文件进行编辑和查看，就必须指定相关的编辑器，包括图像、HTML源代码亦是如此。该软件的优点是对CHM文件的结构做出了全真化的模拟，使用户不用担心链接会出问题或者整个文件的结构不合理，该软件对整个文件的结构做出了很好的处理。每一个Topic下面可以加入分支，分支下面还可以加入文件，而且还可以动态改变文件图示、背景颜色、关键字等相关的属性。另外，当使用过程中切换到其他程式时，软件会自动隐藏到Windows的系统盘中，点击即可恢复操作界面。

4. FAR3.2

软件简介：这个软件是制作CHM文件功能较为强大的软件，但是如果您的英文不太好的话或者是初次使用这种类型的软件，可能一时间会被软件复杂的功能所蒙蔽。当然，如果您不需要制作非常复杂的CHM文件的话，也许使用该软件自身的预设值来生成CHM文件会是一个比较好的方法，但是笔者并不推荐这么做。该软件对于目前想制作CHM文件的朋友来说是一个比较不错的选择，其使用方法非常简单。

5. Web2 HTML Help1.0

软件简介：该软件采用向导的方式来制作CHM电子文档。由于是汉化过的版本，所以使用起来会感到十分方便。虽然该软件使用起来非常简单和直观，但是和专业的CHM电子文档制作软件如HTML Help Workshop、FAR等软件相比，还有一定的

第四章
电子书刊
设计

制作软件
基础

Animation
New Media

Arts

Animation

New Media

Arts

距离。例如，该软件不可以自定义目录和索引文件，在电子文档最后的界面外观上的设置也有一些不足之处。这里就使用该软件制作CHM电子文档提醒两个需要注意的地方：一是向导的第二步，即"Web文档的索引文件"，选择HTML文件的首页面即可；二是向导的第四步，请注意一定要指定主页的文件名，否则软件会按照默认的文件名作为首页名。

4.1.3　HLP输出格式类制作工具

HLP文件格式是早期的操作系统所使用的帮助文件系统。这种格式对读者的操作系统没有太多的要求，Window95及以后的版本都可以执行。现在很多执行于Windows平台的软件，其帮助文件几乎都是HLP格式的。当然，随着微软CHM帮助文件系统的推出和操作系统的发展，HLP文件格式很可能会被CHM所代替。HLP文件格式的不足之处是美观程度不够好。由于现在很多人对电子读物的美观程度提出了较高的要求，所以这种格式的电子读物目前在网络上不是很有市场。但是，我们可以肯定一点的是，这种格式的电子读物制作简单、获得方便、无需特别的要求就可以阅读。另外，目前很多软件的帮助文件还是使用这种格式，所以在短时间内这种格式还不会退出历史舞台。常见HLP类输出格式制作工具只有一种：Windows Help Designer/Win Help Edition3.1.27。该软件是一款非常优秀的HLP格式制作开发工具，它的编辑功能相当出色，操作简单，界面直观，简便的图片、AVI、表格插入，可视化窗口、按钮定制，屏幕捕获、拼写检查、模板管理等，都是其特色。和常见的文字处理软件一样，它可以设置字体属性、支持使用范本，定制视窗和按钮样式、检查拼写错误、Dephi解析等。但是，它在组建后会在HLP文件的相同目录下生成多个相关文件，而且输出的HLP文件的压缩率也不是特别高。另外，该软件对中文的支持也不太好，有时会出现乱码，所以操作者在选择字体时要特别注意。

4.1.4　PDF输出格式类制作工具

PDF文件格式是美国Adobe公司开发的电子读物文件格式。这种文件格式的电子读物需要该公司的PDF文件阅读器Adobe Acrobat Reader来阅读。所以，要求读者的电脑安装有这个阅读器，这个阅读器完全免费，可以到该公司的站点去下载。PDF的优点在于这种格式的电子读物美观、便于存取、安全性很高。但是这种格式不支持CSS、Flash、Java、Javascript等基于HTML的各种技术。所以它只适合于存取静态的电子图书，如果您希望看到具有动态效果的电子图书，PDF格式还不是您最好的选择。下面介绍两款PDF输出格式类制作工具。

1. AdobeAcrobat5.0

软件简介：PDF格式是美国Adobe公司关于电子出版物的一种专有的文件格式。目前这种格式的文件主要使用该公司开发的软件Acrobat来制作。该软件的体积比较大，所以该软件具有的功能也十分的全面和强大。AdobeAcrobat5.0版本的新特性有：可以将常见格式的文档直接转化为PDF文档；直接嵌入MicrosoftOfficemacros；可以直接打开常见格式的电子文档并直接转化为PDF文档；对AdobeDistiller作了进一步的优化，提供三种优化搭配方案，支持用户自定义优化方案；支持保留CMYK颜色和灰度颜色；提供文字注释功能，可以对某一个或者某一段文字进行动态注释；支持构建书签，即使是从MicrosoftWord转化来的PDF文档；可以限制页面存取许可权，通过制作者的管理来限制；支持使用数位标签，即可以在文本某处设置标签，阅读到后面可以通过数位直接返回；可以比较两个文件的不同之处；可以重定义页面编号；可以格式化文本；支持使用其他种类的语言。通过上面的新特性我们可以看出，Acrobat给我们提供了强大的编辑功能，而且支持的文件格式越来越多，尤其可以是将转化PDF功能嵌入了MicrosoftWord中，这给我们的制作带来了极大的方便。值得一提的是，该软件对原始文件的压缩比率比较高。笔者曾经做过测试，在同样的条件下，PDF文件的大小要小于EXE文件，大于CHM文件。由此可见，PDF对文件的优化是相当出色的。在AdobeAcrobat5.0的安装组里面，软件还自带了两个工具，即AcrobatDistiller5.0和AcrobatCatalog5.0，用户可以在Acrobat中将原始文件导出成eps或者ps格式的文件，然后在上述工具中打开。但是，由于软件对中文的兼容性不是很好，所以在某些情况下会出现中文字元不能识别的情况。

2. Gymnast3.5build149

软件简介：该软件虽然没有Acrobat的功能强大，但是软件的易用性相当好。软件的操作界面也十分简单。没有多选项标签，所有制作选项都在一个视窗中即可全部设定。

注意事项：该软件目前的自动搜寻功能还稍差一些，所以在制作的时候最好将图片文件与HTML文件存放在同一个目录下面。另外，该软件对中文的支持还不太好，而且只提供了3种字体。如果你想制作完美的PDF文档，还是建议您使用AdobeAcrobat比较好。虽然Acrobat制作起来比较麻烦，但是使用Acrobat可以直观地控制设计的界面样式等。

4.1.5　LIT输出格式类制作工具

这种格式是2000年8月8日美国微软公司开发的软件MicrosoftReader的一种专有的文件格式。这种格式的文件只能使用MicrosoftReader来阅读。该文件格式由于刚刚推出，目前还不支持与HTML相关的各种技术，但是支持图片的使用。而且，该格式对中文的支持不是很好，目前国内还没有开始大量使用这种文件格式来制作和出版电子读物。该格式最大的优点是它的阅读风格很接近于我们平时阅读的纸质书，所以阅读起来感觉十分亲切，并且支持全屏阅读，这一点上很像电子读物阅览器

第四章
电子书刊
设计

制作软件
基础

Animation
New Media

Arts

Animation

New Media
Arts

ReadBook。它的特点是没有卷轴，翻页全部使用点击页码来实现，所以更像看一本真正的纸质书。常见LIT输出格式类制作工具有两种。

1. Reader Works Standard2.0

软件简介：这个软件有两种版本，即Standard版和Professional版，其中Standard版属于免费软件。该软件支持常见的图像文件（GIF、JPG、JPEG、PNG）、文字文件、Microsoft HTML Document5.0等。ReaderWorksStandard的操作界面十分简单，其风格很像微软的Frontpage2000。使用该软件制作一本电子读物是很简单的，在SourceFiles工作区中单击"Add…"按钮新增已经存在的文件，然后在Properties工作区中设置书的资讯之后就可以组建输出了。单击工具栏上面的BuildeBook按钮，在弹出的对话方块中设置书的名称、储存路径组建输出即可。由于LIT格式的文件需要Microsoft Reader（最新版本2.0，免费）来阅读，所以要求读者的电脑上面安装有该阅读器。

2. Microsoft Readerplug-inforWord2000

软件简介：电脑上面必须安装有MicrosoftWord2000才可以使用该插件。安装完MSWord2000以后，执行该插件，则该软件会自动找到安装的Word2000的目录并嵌入其中。执行Word2000以后，你会在Word2000的工具栏上面发现一个绿芽状的图示，这个图示也是MicrosoftReader的图示。当你在Word2000里编辑完文档以后，单击该按钮，选择相应的选项输出成LIT文件即可。这里需要说明的一点是，由于是全自动的设置生成，所以该插件具有十分方便的好处。但有时输出LIT文件会出现莫名其妙的错误，这有可能是插件对中文的支持存在问题。

4.1.6 综合格式类制作工具

1. 电子文档处理器[eTextWizard1.76(chm/hlp)]

软件简介：该软件具有十分强大和方便的功能。使用该软件制作HLP、CHM格式的电子读物是很方便的，因为它支持批量转化文件，所以这就大大提高了我们的工作效率。由于是中文软件，所以使用起来很方便，而且软件各个选项十分明朗，将鼠标移动到相应的按钮上都有解释。软件不需要用户设置太多复杂的参数，只需选择好待组建文件所在的目录，然后单击相应的功能按钮，软件会自动地分析该资料夹中的所有文件，然后直接在相同目录下面生成相应的文件。另外，软件的标题编辑器和索引生成器也在很大程度上提高了我们的工作效率。总之，软件在制作HLP和CHM文件方面是相当出色的。

2. KeeBookCreatorHome2.6

软件简介：它是一款华丽的电子图书阅读兼制作工具。我们对该软件的主要的操作都是从左上方的工具箱开始的。软件的操作使用并不复杂，更多的功能需要您自己去尝试。另外，您可以在页面上使用右键打开一个存在的文字文件进行阅读。

4.2 电子杂志设计制作常用计算机软件概述

电子杂志作为一种新的媒介，已受到越来越多的人的喜爱，它集视听于一身，时尚、快捷，很多知名企业、名人、名刊都涉足电子杂志，虽然它现在还是一种新兴的媒介，并不为大多数人了解，但它的发展前景是不可估量的。

电子杂志软件最早是由国外的一个翻页组件发展而来，进入国内以后，有了两个比较有名的翻页组件版本：一个是动感经典（Fflippage），另一个是花生翻页组件(AsFlipPage)。

目前，用来做电子杂志的软件和工具很多，下面介绍常见的几种：

4.2.1 Zinemaker 2007

该软件是国内最专业的电子杂志合成软件，它是基于标准 Windows 环境下开发、专业用于制作电子杂志的免费软件，适合专业的电子杂志制作公司或者个人使用。它能直接生成单独（绿色）EXE文件，做成的杂志不需要任何阅读器就可直接观看。用Zinemaker做电子杂志，操作简单，初学者也可以做出很精美的作品。同时，它有模板，如果不喜欢现有模板，还可自己制作，做好的作品可以发布到网上供人观看和下载。它采用了 128 位高强度加密技术，能严格保护用户的 Flash 文件不被恶意破解。生成的电子杂志文件是独立的 EXE 文件，内置 Flash 8 播放器，全面支持最新的 Macromedia Flash 8 文件格式，以展现最佳的音画效果，直接打开就能观看。自带多套精美 Flash 动画模板和大量的 Flash 页面特效，让普通用户也能轻松制作属于自己的电子杂志。无需其他平台或插件支持，不更改用户电脑的系统及注册表信息，可放心使用。

4.2.2 iebook超级精灵

iebook超级精灵有即点即得的演示效果，可以导入图片、声音、动画、视频等，可以修改ico图标、添加标题、发布成独立的易于传播的EXE文件，是一款非常流行的制作软件。它适合专业的电子杂志制作公司、广告设计型、网络营销型公司或者个人使用。它完全免费，直接生成单独EXE文件或者直接上传在线杂志直接浏览，全面支持最新的Macromedia Flash 9文件格式，采用C#、MS SQL开发，具有三层结构，按照微软企业级架构标准进行程序的开发工作,展现出更加出色的音画效果；系统集成微软ASP.Net(c#)开发语言、168位高强度加密技术，能严格保护用户的文件不被恶意破解、版权不被侵害；具备商务互动界面：搜索、留言、推荐、即

第四章
电子书刊
设计

制作软件
基础

Animation

New Media

Arts

Animation

New Media

Arts

时通讯、书签、打印、设置、统计……它突出软件界面空间的利用，类似视窗系统的操作界面风格，让用户操作简单易学，迅速掌握使用，同时提供上千上万套电子杂志素材、电子杂志模板免费下载。

4.3 多媒体光盘电子出版物软件概述

随着网络及电脑技术的不断发展，"书"的概念越来越不明确，用媒体软件制作的光盘书集动画、音乐、视频、文字阅读、查询等于一身，特别是其交互性的阅读方式，非常受欢迎，制作多媒体光盘书的常用软件有： Director、Authorware和Tool Book。

4.3.1 Director

Director是Macromedia 公司研发的，2005年Adobe收购了Macromedia，Director变身到Adobe旗下。目前世界上最好的多媒体产品，多是用Director开发的。不论是多媒体设计专家，还是教师、工程师以及艺术工作者，都会发现Director是一款非常理想的创作工具。使用Director不但可以创作多媒体教学光盘，而且可以创建活灵活现的Internet网页、多媒体的互动式简报以及制作出色的动画。Director可以被广泛应用于制作交互式多媒体教学演示、网络多媒体出版物、网络电影、网络交互式多媒体查询系统、动画片、企业的多媒体形象展示和产品宣传、游戏和屏幕保护程序等。用Director制作光盘读物，也是非常方便的。另外，Director还提供了强大的脚本语言Lingo，使用户能够创建复杂的交互式应用程序，它支持 Quick Time VR、Quick Draw 3D、 MMX 、DirexX 等诸多新技术，其主要功能有：

· 可以很容易地把动画、声音、图像等多媒体元素合成到一起。

· 具有交互功能，有近100个设置好的Behaviors，只要拖放Behaviors（"行为"或称"动作"）就可实现交互功能。

· 最多可设1000条通道，也就是可在这些通道上放置1000个媒体元素，并可分别控制它们，就好像在舞台上有1000个演员在表演。

· 无数量限制的演员，Director 7 支持无限多个演员（也就是各种媒体元素，像文字、图片、动画、声音、动画等），使用户能创作出更加多彩的作品。

· 具有强大的声音控制能力，它的时间轴有两个声道，再通过Lingo语言，最多可同时控制八种声音。

· 开放体系结构(MOA)允许任何一位Director开发者使用Lingo、JavaScript 或C++来制作Xtras实现对Director能力的扩展。这些被整合的Xtras被用来建立新的转场效果，进行数据库的链接和对某些设备的控制等。

第四章
电子书刊
设计

制作软件
基础

Animation

New Media

Arts

Animation

New Media

Arts

·在虚拟现实创作方面，Director也有它的独到之处，国际上许多公司已经开始利用Director中的虚拟实现技术在Internet上制作广告。

·可将访问数据库及网链接等技术集成在一个多媒体应用软件中。

新的Director软件支持更多的媒体格式，包括微软WindowsMedia和DVD视频。该软件还与MacromediaFlash MX 2004等最新版的网页设计和开发工具存在接口。DirectorMX2004输出更为简单、Flash内容处理更为迅速，同时提供用于用户界面开发的预制模块。

4.3.2　Authorware

Authorware由Author(作家；创造者)和Ware(商品；物品；器皿)两个英语单词组成，顾名思义为"作家用来创造商品的工具"。它是美国Macromedia公司开发的一种多媒体制作软件，在Windows环境下有专业版(Authorware Professional)与学习版(Authorware Star)。Authorware是一种图标导向式的多媒体制作工具，使非专业人员快速开发多媒体软件成为现实，其功能强大，无需传统的计算机语言编程，只需通过对图标的调用来编辑一些控制程序走向的活动流程图，将文字、图形、声音、动画、视频等各种多媒体项目数据汇在一起，就可达到多媒体软件制作的目的。2005年Adobe收购了Macromedia，authorware变身到Adobe旗下。Adobe公司于2007年公布，停止Authorware的研发，这就意味着Authorware将不会有新的版本，2003年推出的Authorware7就是最终版。Authorware的开发已经终结，但Authorware的使用还会有更长的时间。Authorware这种通过图标的调用来编辑流程图用以替代传统的计算机语言编程的设计思想,是它的主要特点，它的主要功能还体现在：

·编制的软件具有强大的交互功能，可任意控制程序流程。

·在人机对话中，它提供了按键、按鼠标、限时等多种应答方式。

·它还提供了许多系统变量和函数以根据用户响应的情况，执行特定功能。

·编制的软件除了能在其集成环境下运行外，还可以编译成扩展名为.EXE的文件，在Windows系统下脱离Authorware制作环境运行。

4.3.3　Toolbook

Toolbook软件是由Asymetric公司开发的多媒体创作工具，创始人是Allan Paul。Toolbook也是多媒体创作的经典工具之一。在目前众多的多媒体应用开发工具中，ToolBook以其易学易用最为突出，它对开发者的计算机专业知识要求较低，在制作交互式在线学习的多媒体课件方面更易于操作，是课件设计的好帮手。它提供了许多可以效仿甚至直接采用的范例，有利于开发者提高兴趣。但是，更深入、更灵活地利用它的功能则不是普通用户所能做到的，因为这需要对各类对象的结构和消息传递机制有较清楚的了解；另一方面，ToolBook的许多功能(尤其是多媒体功能)都要通过函数的调用去实现，如何设置调用参数和根据函数返回值作相应的处理，也不是一般用户所能轻易掌握的。

ToolBook的动画能力介于Authorware与Director之间，比较适合用于儿童教育软件。它能提供一种完整的程序语言Openscript，包含丰富的函数。ToolBook系列个人电脑创作工具使用简便，功能强大而又灵活，能满足多变的在线内容的需求。ToolBook包括众多的功能特性，拥有众多资产库的拖曳操作环境和精密尖端的能有效减少开发时间的自动化功能。ToolBook设计了不同的个人电脑创作工具来满足每个企业的独特需求，现在全球有上万家企业和组织选择了ToolBook作为它们的e-learning创作工具，顾客范围从新成立的公司到全球性1000强企业和跨国产业都有，涉及行业涵盖服务业、航空航天、制造业、金融、零售、军事、政府和教育等。

但是，Toolbook的市场推广不是很有力，在多媒体迅速发展的近几年，Toolbook一直不如Director、Authorware等工具的发展迅速。

4.4　电子杂志设计软件Zinemaker的基本操作

Zinemaker的前身是Imaker，后来有了Zinemaker 2006，现在我们讲的是Zinemaker 2007，它比Zinemaker 2006又有了更多更好的功能。目前Zinemaker 2007在网上可以下载体验版，体验版无法注册，但可以进行软件学习。正式的Zinemaker 2007需要购买。

Zinemaker 2007对系统的要求：

操作系统：WINDOWS 98 / Me / 2000 / XP / 2003 （建议 WIN 2000 以上）

处 理 器：Intel 奔腾 III 或以上兼容的处理器

内存：256 MB （建议 512 MB 或以上）

4.4.1　Zinemaker 2007软件的安装、更新和删除

1. Zinemaker 2007的安装

下载Zinemaker 2007中文版后，可以直接点击图标开始安装。打开Zinemaker 2007的文件夹，里面有三个文件，第一个是安装文件，点击Zinemaker 2007的图标就可以开始安装（参见图4-1~图4-4）。随后，可以按照对话框的提示进行操作。

在安装的时候，软件一般默认安装在C盘上，但我们建议最好安装在D盘，这样可以减少C盘的负担。用鼠标点击"更改"，可以更改安装路径，把它安装在D盘上（参见图4-5）。

更改好路径后点击"下一步"，软件就开始安装，很快就安装完成，点击"完

图4-1 Zinemaker 2007（一）

图4-2 Zinemaker 2007（二）

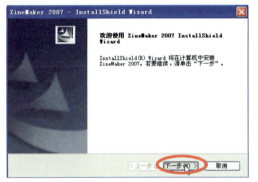

图4-3 Zinemaker 2007（三）

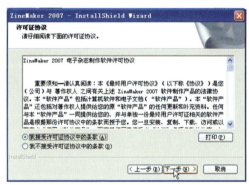

图4-4 Zinemaker 2007（四）

图4-5　更改路径

图4-6　安装完成

第四章

电子书刊
设计

制作软件
基础

Animation

New Media

Arts

Animation

New Media

Arts

成"。安装完毕后桌面上会自动出现的小图标 ，双击图标，软件就可以使用了
（参见图4-6）。

2. Zinemaker 2007的更新

　　更新Zinemaker 2007中文版时不需删除原先的文件，它会直接覆盖安装到原先
的目录中去。

3. Zinemaker 2007的删除

删除Zinemaker 2007可以在控制面板的添加和删除程序里，选择Zinemaker 2007，点击删除即可。

4. 建立安装目录快捷方式及安装目录详解

（1）创建安装目录快捷方式

安装完 Zinemaker 2007 之后，首先要了解安装目录下的各个文件夹内容。在操作中，为了查看方便，我们可以在桌面上为Zinemaker 2007建立一个安装目录快捷方式。在桌面上点击鼠标右键，会弹出一个菜单，点击菜单内的"新建"，再点击"快捷方式"，这时会弹出一个让你选择路径的窗口，点击"浏览"来查找安装Zinemaker 2007的路径。前面，我们已经把Zinemaker 2007安装在了D盘上，这时选择D盘下的Program Files文件夹，再点击Xplus，选择Zinemaker 2007，这样即可找到文件的位置（参见图4-7）。

我们给新建的快捷方式重新命名为"Zinemaker安装目录"，点击"完成"，这时，桌面上就出现了一个Zinemaker 2007的安装目录，双击它就可以查看。

（2）安装目录详解

打开安装目录，我们看到里面有很多文件，下面将简单介绍一些常用的目录（参见图4-8）：

标示1 designing文件夹里存放了字体和按钮的 Flash 源文件。通过修改源文件能制作出不同按钮。

标示2　effect文件夹里存放了动画特效。

标示3　help文件夹里存放了帮助文档。

标示4　music文件夹里存放了导入的音乐。

标示5　startup文件夹里存放了启动动画。

标示6　template：模板目录，里面有主模板和内页模板。用户可以自己在里

图4-7 创建目录快捷方式

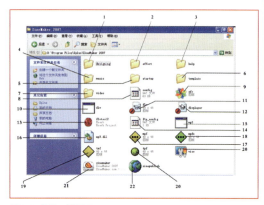

图4-8 安装目录图示

面新建模板文件夹。需要注意的是，页面模板一定要放在 Template 栏下的文件夹里，文件夹可重命名或是新建。

标示7　video文件夹里存放的为转换后的可替换视频文件。

标示12　flvplayer是flv播放器。

标示20　view：模板查看器。

标示21　Zinemaker：快捷方式

标示22　zinepublish：网上发布。

如果有生成后的 EXE 格式杂志文件，安装目录里还会出现Release 文件夹，这里存放着生成后的 EXE 格式杂志。

需要说明的是,有些Zinemaker 2007的版本不需要安装，也就不用建安装目录,以上文件夹在原始文件中都可以找到，如果导入模板或音乐特效,直接拷贝到相应文件夹下就可以。

4.4.2　Zinemaker 2007的界面简介

打开Zinemaker 2007的界面，最上面一栏带图标并写有Zinemaker 2007的是标题栏，标题栏下是菜单栏，菜单栏下有一栏排有很多小图标的是工具栏。界面的左侧是项目区，杂志的所有模板在这一区域显示。而右边是显示区，点击哪个模板，右边就会显示相应的模板效果。右下方是最重要的编辑区，用来修改或导入各种数据和效果等。其主要的操作是在编辑区和模板项目区里完成（参见图4-9）。

1. 菜单栏简介

菜单栏的基本设置有六项：文件、编辑、项目、生成、查看和帮助（参见图4-10）。

2. 工具栏简介

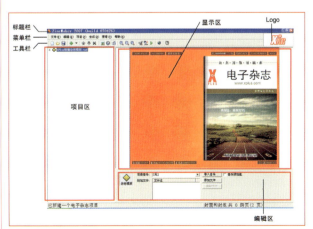

图4-9 Zinemaker 2007界面图　　　　　图4-10菜单栏

第四章
电子书刊
设计
制作软件
基础
Animation
New Media
Arts
Animation
New Media
Arts

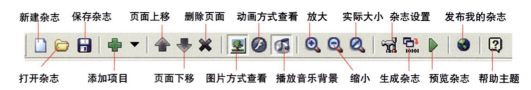

新建杂志　保存杂志　　页面上移　删除页面　动画方式查看　放大　实际大小　杂志设置　　发布我的杂志

打开杂志　　添加项目　　页面下移　图片方式查看　播放音乐背景　　缩小　生成杂志　预览杂志　帮助主题

图4-11　工具栏

工具栏里有很多功能在菜单栏中都能找到，使用哪种方式都能完成操作，一般点击工具栏上的图标进行操作比较方便（参见图4-11）。

新建杂志、打开杂志和保存杂志：这三个按钮在菜单栏上都有相应的菜单选择，这里是快捷按钮，和其他软件的用法一致。新建杂志是创建一本新的杂志，打开杂志是将原先保存的 MPF 文件打开，保存杂志则将未制作完成的杂志用 MPF 格式保存。

添加项目：点击左边的"+"标识，可选择模板添加到页面上。点击右边的三角，可以选择三种添加模板的方式：添加模板页面、添加Flash页面和添加图片页面。

页面上移、页面下移：先在模板编辑区中选中一个页面模板，点击上移，则该页就上调一个页码，点击下移就向下移动一个页码。在编辑过程中，经常会遇到调整页面顺序的问题，使用这两个按钮来上下调整页面非常方便。

删除页面：在编辑过程中想把某个页面删除，在模板项目区中选中这个页面模板，点击删除按钮，页面就被删除了。当然还可以选中页面后点击右键，再选择删除。也可以选中页面后直接点击Delete键删除。

图片方式查看：每个页面都有一个预览的图片，如果点击图片方式查看，显示区看到的页面就是一张静止的图片，对模板而言只显示预览图片。如果插入 Flash 页面，则会是以 Flash形式表现。

动画方式查看：如果以动画方式查看页面，显示区看到的页面就带有动画效果。可以边修改杂志页面边查看其动画效果，但会比较占用系统资源。

播放音乐背景：当导入音乐后想试听效果，点下这个按钮，音乐就会自动播放。再点一下，音乐就关闭了。如果忘记点这个按钮，就听不到音乐了。

放大、缩小、实际大小：在电脑上点击这三个按钮可放大、缩小或还原页面的大小。

杂志设置：对杂志信息、翻页设置、版权信息、启动画面等基本信息进行的设置和修改。

生成杂志：点击"生成杂志"，把做好的一页一页的杂志生成为一本可翻页

第四章

电子书刊

设计

制作软件

基础

Animation

New Media

Arts

Animation

New Media

Arts

的动态杂志，即 EXE 文件。

▶ 预览杂志：操作过程中点击此按钮，可以看到杂志生成后的效果。

🌐 发布我的杂志：点击这个按钮，可以在网上发布自己的杂志。

❓ 帮助主题：Zinemaker 2007 的帮助信息。

3. 关于在制作模板中遇到的图标（参见图4-12）

◈ 杂志模板图标　　　　　　◉ 页面模板图标

🖼 JPEG 图片图标　　　　　　🖼 PNG 图片图标

🎬 视频及变量替换　　　　　　🔢 可更改的数值图标

🔤 可替换的文字图标　　　　　◈ 保存后生成的 MPF 文件图标

📷 经典的杂志生成图标　　　　✳ 导入的特效图标

图4-12　制作模板中用到的图标

4.4.3　杂志的新建、保存、另存、全部另存为和打开

Zinemaker 2007的新建、打开、保存、另存和打开杂志与其他软件的操作很相似，快捷键也通用。

1. 新建杂志

要制作一本电子杂志，首先需要新建一本杂志。新建杂志与其他软件的新建文件一样（参见图4-13），用鼠标点"文件"下拉菜单中的"新建杂志"；点击"新建杂志"后会弹出一个菜单让你选择杂志模板。我们可以选择软件自带的杂志模板，也可以导入自己喜欢的模板，在网上可以下载或购买各种各样的模板，用起来非常方便。这里，我们先选择软件自带的模板（参见图4-14）。选好模板后点击确定，一本电子杂志的文件就建好了。

建好了封面模板后，我们可以添加多个内页模板，添加内页模板点击工具栏

图4-13　新建杂志

图4-14　选择模板

图4-15 添加内页模板

图4-16 文件"全部另存为"

的 <img> 按钮，会弹出一个添加模板页面的菜单，选择一个内页模板，点击"确定"，内页模板就添加好了。可以添加一个或多个、一种或多种的内页模板（参见图4-15）。

2. 保存杂志

对于已经做好的杂志保存，可以点击菜单栏中的文件下拉菜单的"保存"按钮、按Ctrl键加"S"键或是点击工具栏中的保存按钮都可以保存文件。在保存操作中，软件会提醒你选择保存的路径，自己选定保存的路径按下确定按钮，文件就保存好了。需要注意的是，我们制作杂志的项目文件格式是MPF，主模板的格式是TMF，内页模板格式为TPF。

3. 另存为杂志

另存杂志，同其他软件的操作一样，可以点击菜单栏中的"文件"下拉菜单的"另存为"，然后更改文件名，选定路径，杂志文件就另存到指定的路径了。

4. 全部另存为

在Zinemaker2006中常常会遇到这样的问题，做好的杂志在自己的电脑上可以正常打开、修改和生成，而在其他的计算机上就不能正常使用，在Zinemaker 2007中，使用"全部另存为"后，无论在哪台装有 Zinemaker 2007 的电脑上都能打开该项目，对其进行修改、发布等操作。"全部另存为"是Zinemaker 2007的新增的一个非常好的功能，它能将杂志文件完整地保存起来。我们可以点击菜单栏中的"文件"下拉菜单的"全部另存为"，另起一个文件名，指定一个路径并命名一个文件夹，制作的杂志文件就全部被保存了（参见图4-16）。

全部另存为后，我们按照存储路径可以看到一个文件夹，打开该文件夹，里面

电子书刊设计

有特效、音乐、模板等制作该杂志的全部文件（参见图4-17）。

5. 打开杂志

点菜单栏中的"文件"下拉菜单的"打开"、按Ctrl键加"O"键或是点击工具栏中的打开按钮都可以打开文件。按照路径找到已保存的杂志文件，双击文件名或图标可以自动打开杂志。也可以打开Zinemaker 2007后，点菜单栏中的"文件"下拉菜单的"打开"，再按路径找到该文件打开。

4.4.4　封面模板的操作和应用

新建杂志后，首先要建立一个杂志模板，也就是封面模板。它也可以导入音频、视频和特效等，我们将在页面模板的操作和应用中详细讲解如何导入，这里先讲封面模板的操作和应用。

1. 替换图片

选中"项目栏"内的"标准杂志模板"，点击其右边的"+"或双击"标准杂志模板"，下面就会显示许多替换可更改的变量，其中包括背景、封面、封底图片、按钮、期数等，逐个点击，可以在显示区看到（参见图4-18）。

在杂志模板中选择封面图片，然后点击"替换图片"任务栏尾部的文件夹，从电脑中按照路径找出已经准备好的图片文件（也可在Photoshop中事先做好），这里，封面图片的尺寸设为宽388像素，高550像素，背景图片的尺寸设为宽1280像素，高1024像素，分辨率统一定为72线，就与模板图片的尺寸一致了。

如果直接替换图片，图片尺寸一般与页面不符，这时就需要切割图片，将图片

图4-17　保存后的文件夹

图4-18　替换图片

第四章
电子书刊
设计

制作软件
基础

Animation

New Media

Arts

Animation

New Media

Arts

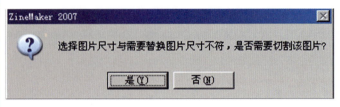

图4-19　切割图片

图4-20　图片翻转

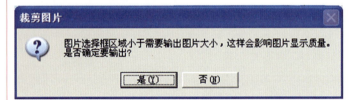

图4-21　裁剪图片

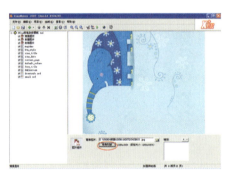

图4-22　重新替换图片

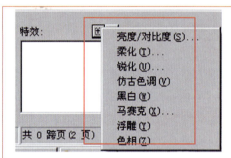

图4-23　设置图片特效

裁剪成需要的尺寸大小。操作如下：点击"替换图片"任务栏尾部的文件夹，替换图片，然后电脑会提示图片切割对话框（参见图4-19）。

切割图片时应尽量使"选择框"的大小大于/等于"输出大小"。当然，还可以将图片左右翻转、水平翻转或是垂直翻转，右下角翻转图片的四个小图标可以完成翻转操作（参见图4-20）。

如果图右边的"选择框"大小小于"输出大小"，点击"确定"后会出现提示对话框。点"是"后图片被替换（参见图4-21）。

替换后，可以在显示区直接看到替换后的效果。如果感觉替换的效果不理想，可以点编辑区里的取消替换，重新设置替换图片（参见图4-22）。

2. 图片特效

若是对替换后的图片效果不满意，可以通过点击特效后的"+"按钮对图片进行特效处理（参见图4-23），其中每种特效都可以调整数值。若想取消某种特效，选中它后点"-"按钮，特效就取消了。

经过特效处理后的图片，相对于原图片会有明显的质量优势，画面更加美观，如图4-24、图4-25所示。

　　需要说明的是,图片的特效都可以事先在Photoshop软件中做好，Zinemaker里的特效是比较简易的，但用起来也非常方便。

3. 更改变量

　　杂志模板的各项变量在打开时都是被勾选的，如果不需要哪一项，点击一下该项目前的勾选方框，使其变成空的，该项目就被取消了。

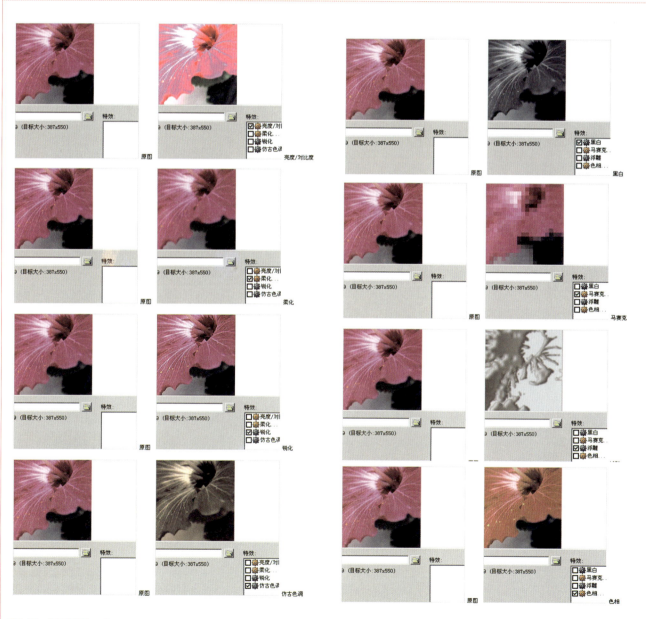

图4-24　特效效果（一）　　　　　　　　　　图4-25　特效效果（二）

第四章
电子书刊
设计

制作软件
基础

Animation
New Media

Arts

Animation

New Media

Arts

①magidno变量：自动生成magidno变量，用户不需要改动图片（参见图4-26）。

②显示方式：选中杂志模板的 btn_style 变量，在"设置变量"栏中填入1或2选择杂志生成后的显示方式（参见图4-27）。

③修改刊号：选中杂志模板的 zine_title 变量，在"设置变量"栏中填入所需的刊号（参见图4-28）。

④修改日期：选中杂志模板的 zine_date 变量，在"设置变量"栏中填入所需的日期（参见图4-29）。

⑤修改目录所在页：选中杂志模板的 content_page 变量，在"设置变量"栏

图4-26 magidno变量

图4-27 显示方式

图4-28 修改刊号

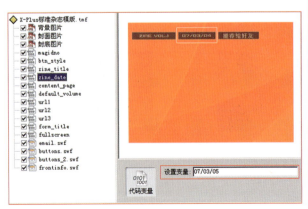

图4-29 修改日期

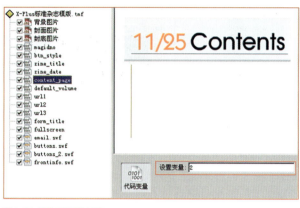

图4-30 修改目录所在页

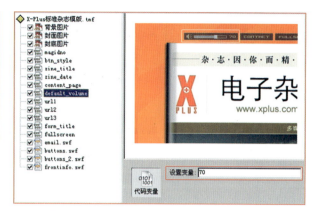

图4-31 修改初始变量

图4-32 修改链接

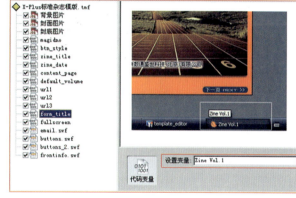

图4-33 修改任务栏标题

第四章
电子书刊
设计

制作软件
基础

Animation
New Media

Arts

Animation

New Media

Arts

中填入目录实际所在的页数。如图4-30中所示目录是在第二页。

　　⑥修改初始音量：选中杂志模板的 default_volume 变量，在"设置变量"栏中填入所需的初始音量参数（参见图4-31）。

　　⑦修改链接：选中杂志模板的 url 变量，在"设置变量"栏中填入所需的链接地址（参见图4-32）。

　　⑧修改任务栏标题：选中杂志模板的 form_title 变量，在"设置变量"栏中填入所需的标题信息（参见图4-33）。

　　⑨修改全屏变量：选中杂志模板的 fullscreen 变量，默认打开杂志为全屏就在

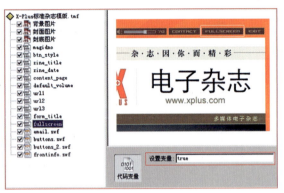

图4-34 修改全屏变量

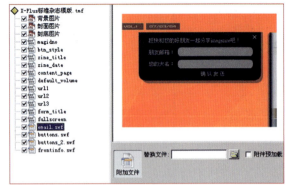

图4-35 修改email

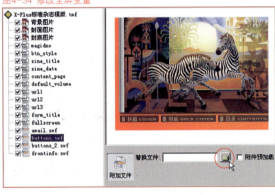

图4-36 修改源文件

图4-37 修改封面特效

"设置变量"栏中填入"true";退出全屏则填入"false"（参见图4-34）。

⑩修改E-mail：选中需要替换的SWF文件，然后点击编辑区中"替换图片"任务栏尾部的文件夹，从电脑中调用已修改的SWF文件，在安装路径下的 designing文件夹里，提供了推荐 E-mail 的源文件。通过修改SWF文件的源文件能制作不同样式的邮件信息（参见图4-35）。

⑪修改Buttons和Buttons _2：选中需要替换的SWF文件，然后点击"替换图片"任务栏尾部的文件夹，从电脑中调出已修改的SWF文件。在安装路径下的Designing 文件夹里，提供了Buttons（按钮）的源文件。在FLSH软件中通过修改SWF 文件的源文件，然后导出的影片就是Buttons.swf文件，用改过的文件来替换，就能制作出有不同样式按钮的电子杂志（参见图4-36）。

⑫修改Frontinfo：Frontinfo即封面特效。选中模板元件处的"frontinfo.swf"，就能从"替换文件"后面的文件夹中调出需要的 SWF 文件（参见图4-37）。

第四章

电子书刊
设计

制作软件
基础

Animation

New Media

Arts

Animation

New Media

Arts

4.4.5 页面模板的操作和应用

1. 替换图文模板

封面模板建好后，需要建内页模板。依次点击菜单栏的"项目"、"添加模板
页面"， 然后就可以选择模板页面，可通过预览图右边的按键选择"图片查看方
式"或"动画查看方式"，对动画效果进行查看。选择完成之后点击"确定" 。
若想替换组件，可以选中"项目栏"内的"页面模板"，点击其右边的"+"，然
后即显示所替换的组件（参见图4-38~图4-40）。

（1）修改编辑区

①背景音乐：一般默认为"同杂志模板"。点击栏尾部的下拉箭头可选择添加
其他音乐。

②导入音乐：将需要添加的音乐导入软件。

③音乐预加再载：勾选音乐预加再载，在启动时，把音乐读到内存里，播放时
比较流畅。

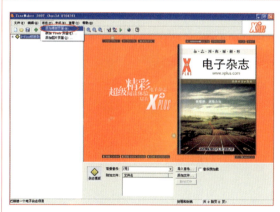

图4-38 新建内页模板

图4-39 确定内页模板

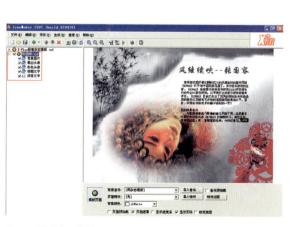

图4-40 替换内页模板

④页面特效：通过点击"页面特效"栏尾部的下拉箭头来选择添加需要的页面特效。

⑤导入特效：可将自制的SWF 文件导入软件。

⑥背景颜色：有些模板是以纯色为背景色，可以在这里选择理想的背景色。

⑦页面预加再载：勾选页面预加再载，在启动时，把音乐读到内存里，播放时比较流畅。

⑪页面遮照：勾选页面遮照把 750×550 pixels以外的多余部分遮住。

⑨显示进度条：勾选显示进度条在杂志播放时，显示每个页面动画的进度。

⑩显示页码：勾选显示页码，在翻页时显示每页的页码。

锁定底层：勾选锁定底层，将底层_rootlock.代码锁定，使页面模板不影响杂志底层（参见图4-41）。

（2）替换图片

选中"项目区"内需要替换的图片，比如背景图片等，然后点击"替换图片"任务栏尾部的文件夹，从电脑中调用已经准备好的图片文件，可将图片裁剪成需要的尺寸大小。在Zinemaker2007中，尺寸一般设为750×550，还可以对图片进行特效处理，前面已经讲过图片的特效处理操作，这里就不再讲了（参见图4-42）。

（3）替换文字

选中"项目区"内需要替换的文字，然后在"更新文字"任务栏里输入需要的文字内容。在"文字"处可以对该段文字的颜色、字体大小以及字体对齐方式进行更改（参见图4-43）。

图4-41 修改编辑区

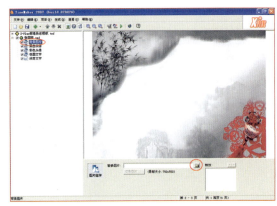

图4-42 替换图片

图4-43 替换文字

图4-44 修改代码变量

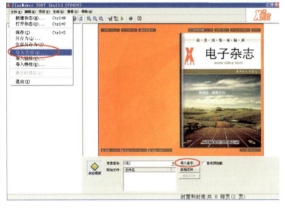

图4-45 导入音乐

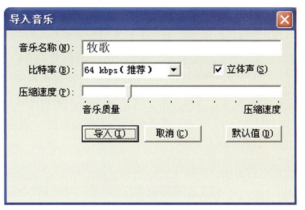

图4-46 确定导入音乐的名称

第四章

电子书刊

设计

制作软件

基础

Animation

New Media

Arts

Animation

New Media

Arts

（4）修改代码变量

有些变量是可以修改的，选中该项，在"设置变量"后的任务栏里输入需要的数值（参见图4-44）。需要注意的是：不需要的"文字"和"图片"可以去掉勾选。

2. 导入音乐

导入音乐有多种方式，可以在菜单栏中的"文件"下拉菜单中点"导入音乐"，也可以在编辑区中点"导入音乐"按钮（参见图4-45）。

点击"导入音乐"后，软件会弹出一个提示你选择路径的窗口，即询问电脑里哪里存了音乐，沿着路径找到音乐点击"打开"按钮，这时会弹出一个对话框，如图4-46所示，对话框显示了音乐的名称、比特率（压缩品质）和压缩速度，如果没有特殊要求，用软件默认的数据就可以。点"导入"按钮，会看到音乐导入的进程，几秒钟后，音乐导入就完成了。这时再点击编辑区中的音乐背景的小三角按钮，就看到了刚才导入的音乐名称，可以选择它作为主模板的背景音乐或某一内页的音乐。如果想试听，点击工具栏上的"播放音乐背景"按钮，使其凹下，就可以听到音乐了。编辑区中导入音乐按钮旁有一个音乐预加载的选框，勾选它，在启动画面的时候，把音乐读到内存里，播放音乐就比较快。

3. 导入视频

导入视频需要先建立一个视频模板，点击工具栏的 ✚ 按钮后，会弹出一个让你选择添加何种模板的对话框，选择添加"视频模板"，然后点确定，这样，一个视频模板就建立了（参见图4-48~图4-49）。Zinemaker 2007中自带有一个"千里之外"的视频模板，我们以这个模板为例。添加视频模板以后，点菜单栏中的"文件"下拉菜单中用鼠标点"导入视频"，在电脑里选择你想要导入的视频文件，经过一段时间后视频即可导入。

Zinemaker支持很多视频格式，比如wmv格式和flv格式等。转换之后的格式为flv格式。导入后，我们用鼠标双击项目区中"千里之外"视频模板，会看到该视频模板的几个组成项目："底图"、"周杰伦&费玉清"、"千里之外"、"千里之

图4-47 添加模版页面

图4-48 选择视频

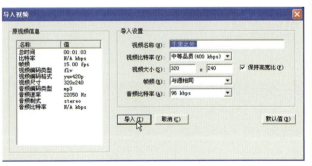

图4-49 导入视频

图4-50 替换视频（一）

图4-51 替换视频（二）

第四章

电子书刊

设计

制作软件

基础

Animation

New Media

Arts

Animation

New Media

Arts

外"、"3.flv"等，点击最后一项"3.flv"，右下边的编辑区会出现一个替换的项目，在"替换文件"下按路径选择所要替换的视频文件，将该文件替换，视频模板就应用了这个视频（参见图4-50）。

如果要导入的视频文件是flv格式的文件，可以直接将该文件复制粘贴到安装目录文件夹中的Video文件夹中，然后在编辑区中点击替换，在安装目录中查找到该视频文件，就可直接将该视频替换掉。如果要导入的视频文件不是flv格式，可以先用其他软件将其转换为flv格式，再执行上述操作。

在安装目录栏下的 "Video"文件夹里选择之前导入的视频文件，可以查看并打开，也可以点击项目区中该视频模板第一项的".tpf" 文件，对新导入的视频进行查看，还可点击预览按钮 ▶，等待几秒钟后，就可以看到替换后最终的视频效果（参见图4-51）。

4. 导入特效

打开一个模板页面，在菜单栏中的"文件"下拉菜单中点"导入特效"，也可以在编辑区中点"导入特效"按钮，选择想要导入的特效。图片页面如果加上特效，会有出人意料的精彩效果。Zinemaker自带有一些特效，点击编辑区中"页面特效"一栏的三角按钮，会出现一条下拉菜单，有"三维星花"、"下雨"、"水滴"、"中雪"等特效选择，选择一个，特效就应用到页面上了。当然，也可以从其他特效文件夹中把特效导入进来，或是在Flash中做好某些动画效果，然后把其当做特效导入，导入后，点击编辑区中页面特效下拉菜单选择特效项目时，会发现导入的特效名已存在，选择它，特效就应用到该页面上（参见图4-52）。

有时我们想把运动的文字作为特效加入到页面上，可以在Flash中做好运动的文字，导出影片存到安装目录下的effect文件夹下，然后按照上述步骤导入该文字特效，运动的文字就运用到画面上了。

图4-52 导入特效

图4-53 更改特效

图4-54 添加Flash页面

图4-55 添加图片页面

       Zinemaker 2007中的特效还可以更改特效位置，点击编辑区中的特效边距，会弹出一个让你设定特效坐标的对话框，更改里面的数值后点击"确定"，特效的位置随之改变（参见图4-53）。

5. 添加 Flash 页面

       依次点击菜单栏的"项目"、"添加 Flash 页面"（参见图4-54），在路径下选择并打开已制成杂志页面的 Flash 文件，Flash页面就被添加了。

6. 添加图片页面

       依次点击"菜单栏"的"项目"、"添加图片页面"（参见图4-55），在路径下选择并打开作为杂志页面的图片文件，图片页面就被添加了。

7. 编辑页面

       依次点击"菜单栏"的"编辑"、"页面上移"，该页面模板便翻向上一页；依次点击"菜单栏"的"编辑"、"页面下移"，该页面模板便翻向下一页；依次点击"菜单栏"的"编辑"、"删除"，该页面模板即被删除；依次点击"菜单

第四章

电子书刊
设计

制作软件
基础

Animation

New Media

Arts

Animation

New Media

Arts

栏"的"编辑"、"页面重命名"，可为该页面重新命名。

8. 查看方式

依次点击"菜单栏"的"查看"，勾选 "工具栏"、"状态栏"，可以选择需要的查看方式，一般有以下两种查看方式。

①Flash查看方式：可以即时看到经过修改的电子杂志的动画效果，但会比较占用系统资源。

②图片查看方式：只能看到预览图片，如果插入的是 Flash 页面，则还是以 Flash 形式表现。

4.4.6 杂志设置、杂志生成和杂志预览

1. 杂志设置

点击菜单栏中"生成"项目下拉菜单的"杂志设置"，或是点击工具栏中的"杂志设置"按钮 ，也可以点击快捷键"S"，都可对杂志进行设置。点击"杂志设置"后，会弹出一个对话框，其中有四个设置项目：杂志信息、翻页设置、版权信息、启动画面。

（1）杂志信息

杂志信息窗口显示了生成文件和图标文件的路径及页面和窗口的大小，可根据需要更改它或重新命名。点击"生成文件"右边的文件夹图标，会弹出一个另存文件的对话框，设定一个路径，把生成杂志的文件名改为自己想要的文件名保存，比如我们起名为"新杂志"，然后保存（参见图4-56）。

（2）翻页设置

在翻页设置项目的对话框中，一般把自动生成翻页预览图片勾选上，下面还显示了图片质量，即杂志在翻页第1帧的图片质量，如果没有特殊要求，一般把图片质量值设为80（参见图4-57）。若是图片大小没有按要求裁剪，建议不选"自动生成翻页预览图"。

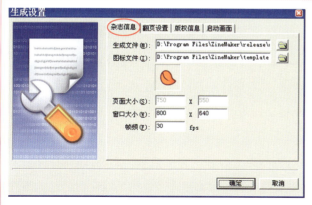

图4-56　新建杂志信息

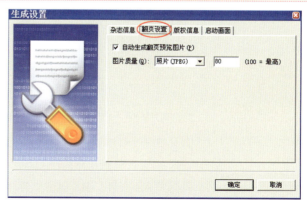

图4-57　生成设置

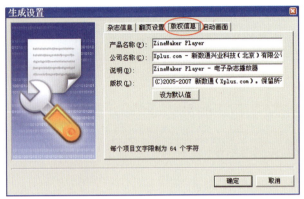

图4-58　新建版权信息

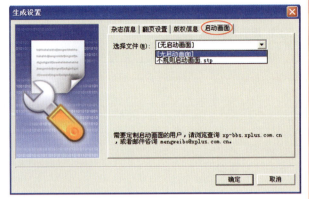

图4-59　启动画面

（3）版权信息

版权信息项目中软件默认的是如下信息，这些信息可以根据自己的要求更改。更改完版权信息，用鼠标点该杂志的图标文件，会在图标文件上显示更改后的产品名称、公司名称、说明、版权等。如果把更改后的信息设为默认值，以后做的每本杂志都按照这个版权信息显示（参见图4-58）。

（4）启动画面

更改"生成设置"里的"启动画面"及 LOGO，就可以选择启动画面，两种路径如下：

①选择文件。点击其尾部的下拉箭头，选择启动画面，如果是注册过的，可以看到有两个选项："无启动画面"和"不规则启动画面"。我们可以选无启动画面或是选择自己制作好的启动画面。

②LOGO文件。点击其尾部的文件夹，从电脑中调用已经准备好的 LOGO 文件，大小参照建议大小，格式为 PNG（参见图4-59）。

2．生成杂志

做好的杂志经过生成才能比较方便地浏览整体效果。杂志设置好后，点击菜单栏中"生成"项目下拉菜单的"生成杂志"，或是点击工具栏中的"生成杂志"按钮，也可以按快捷键"Ctrl+F5"，都可以生成杂志。杂志已经自动在 Zinemaker 2007 的安装路径下的 release 文件夹里生成。点击"打开"，生成的杂志即可直接打开。

需要注意的是，Zinemaker制作杂志过程中会生成两个文件，即mpf文件和exe文件。其中mpf文件中要添加的所有内容都是通过绝对路径实现的，如果在制作过程中修改了素材位置，将会出现无法显示的问题，必须重新更改路径。

第四章

电子书刊

设计

制作软件

基础

Animation

New Media

Arts

Animation

New Media

Arts

在大型合作制作过程中，最好将Zinemaker统一安装在同一路径下，素材文件的路径也尽量统一。例如，可以把Zinemaker安装在D:\Program File下（默认），每一期的素材文件建立在某个盘下。

3. 杂志预览

杂志预览是杂志制作过程中常用的一个功能，可以看到杂志生成后的效果。点击预览杂志按钮 ▶，或按快捷键"F5"，都可以预览杂志。可以不用生成杂志，直接预览生成后杂志的整体效果。

4. 杂志发布

目前网上发布电子杂志平台有很多，比如xplus、zcom、iebook、vika等。利用Zinemaker 2007发布电子杂志即我们将做好的电子杂志上传到xplus服务器上，xplus会生成两个版本：一个是exe下载版，一个是swf在线观看的版本。

具体操作如下：首先检查电脑网络连接是否正常，确定已经连接后，点击菜单栏中"生成"项目下拉菜单的"发布我的杂志"，或是点击工具栏中的"发布我的杂志"按钮 ⬤，也可以按快捷键"Z"在网上发布自己的杂志。点击"发布我的杂志"按钮后,会有一个杂志生成的过程。生成完毕后出现一个"在Web上发布电子杂志"的对话框，点击"下一步"（参见图4-60）。

点下一步后会出现一个选择网络的对话框，这里我们有"Xplus杂志上传服务器"这个选择，选择它，然后把"同时上传EXE文件提供下载"这一项勾选上。单击下一步（参见图4-61）。

接着,又会弹出一个正在上传的窗口，点击"细节"按钮，能够查看到上传的细节（参见图4-62）。

上传完毕后，窗口会提示"上传完毕"，再点击"下一步"，会弹出一个杂志

图4-60　在web上发布电子杂志

图4-61　上传杂志

图4-62 上传文件   图4-63 完成杂志发布

发布完成的窗口，这时窗口上生成一个MD5码，这个MD5码是唯一的，要记下这个码，可以将其复制或保存（参见图4-63）。MD5是Zinemaker 2007中的新增功能，是在版权保护方面所做的一项改进。注意：应先记录下MD5码，然后再点击完成，以免关闭后忘记。

点击"完成"，会弹出一个网页，上面需要填写用户名和密码，如果是在官方购买的正式版，就会提供给你一个用户名和密码，登录以后输入所提供的用户名与密码，就可以在网上管理自己的杂志了。

4.4.7 关于在制作杂志时遇到的问题

问:插入自制 Flash 的尺寸和速度各是多少?自制 Flash 插入杂志后，播放的速度比单独播放时快，怎样解决?

答:杂志尺寸为 750×550 pixels ，帧速度是 30帧/秒。自制 Flash 时需把帧的速度设为 30帧/秒，这样插入杂志以后才会和原来的一样。

问：页面预加载与音乐预加载是什么意思?

答：指在启动画面的时候，把音乐读到内存里去。一般情况下建议不选，除非音乐文件特别大，超过 10MB。这是因为Zinemaker在播放时是在内存中播放,不产生任何临时文件，它的内页是播放到哪一页,就释放哪一页的内容到内存，而不是一下子把所有页面全部释放到内存。当这一页放完翻过去之后，这一页的内容就会在内存中被删除，下一页的内容被加载到内存中。如果内页小的话就不用页面预加载,但如果页面大的话就需要预加载了。预加载后只会让读者的EXE杂志文件在启动时增加一点时间，而不会在杂志翻页时让电脑卡机。

问：添加页面模板、Flash 页面和图片页面有什么区别?

答：页面模板——Zinemaker 2007 自带的专用文件。用户通过替换模板内的图片、文字和变量信息，就能生成有 Flash 动画的文件，以此作为杂志的内页。

Flash 页面——有 Flash 基础的用户可以独立制作 swf 文件，作为电子杂志的内页。 图片页面——由图片文件作为电子杂志的内页。

问：为什么我自己做的 Flash 动画单独播放是好的、有动画效果的。但是添加到杂志里去，就没反应了呢？

答：Flash 中设置了"_root"，是直接定位底层（场景）对象或者函数的。如果单独制作一个 Flash 动画，用 _root 是没有问题的，不过当这个 Flash（设定为 A）被其他 Flash（设定为 B）调用的时候，A 中的"_root"就不是指 A 本身了，而是 B 的底层。解决方法有两种：第一种比较简单就是在你制作的 Flash 中的第一帧的第一行加上 "this._lockroot = true"。第二种方法就是使用相对路径指定对象或者函数，第一个是 "this"，表示本身，第二个是 "_parent "，表示上级对象。比如目录页不能直接 lockroot，所以需要用相对路径来指定。

问：Zinemaker2007在线版无背景音乐怎么办？

答：在破解电子杂志生成在线阅读文件时，会遇到添加的背景音乐不能播放的问题，问题在于，在破解杂志生成在线文件时，音乐是被做成了swf文件，然后通过page.xml这个文件调用，但是swf文件调用时会出现问题。

解决办法：在破解的文件夹里找到背景音乐的swf文件，将制作杂志时所要用到的背景音乐源文件（MP3或wma）全部拷贝到破解文件目录下，用记事本打开page.xml文件，将Music= "**"里面改成你要用的mp3或wma文件名，例如，杂志第二页背景音乐应该是123.MP3，就将123.MP3拷贝到破解文件夹目录下，将page.xml用记事本打开，将里面修改为<Page File= "page_02.swf" Music= "123.MP3"就可以了。先将要用到的音乐文件拷贝到破解目录下，然后找到对应的音乐的swf文件，记住文件名，然后在page.xml里面找到对应的文件名 ，替换成要用的MP3文件名，也就是用page.xml直接调用MP3，不调用swf文件，然后保存一下就可以了！顺便再加一句，有时将文件上传到服务器时遇到MP3或wma音乐文件无法上传的问题，可以先将音乐文件名修改一下，然后就可以上传了，上传后再给文件重命名回来就好了。

问：如何实现多首音乐连续播放？

答： 在Zinemaker2007里，插入背景音乐是非常方便的。但是，播放的时候，如果有多首歌曲，那也只能分别插入到各个页面，这样的话，翻到下一页，就会播放下一首，前面的就没有播放完。那么，如何在Zinemaker 2007里实现多首音乐连续播放呢?这里提供一种简单的方法，用"全能音频转换通"，将曲子合并起来，然后加入杂志模板里面，在其他页面的背景音乐中设置"同杂志模板"就可以了。具体合并步骤如下：

步骤1：打开"全能音频转换通"，点击"添加文件"，如图4-64所示。

步骤2：找到要合并的歌曲，选中，然后点击 "打开" ，如图4-65所示。

第四章
电子书刊
设计
制作软件
基础
Animation
New Media
Arts
Animation
New Media
Arts

图4-64　添加文件

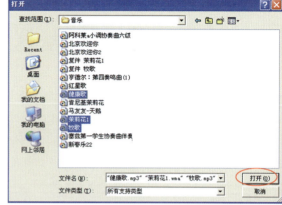

图4-65　选择文件

图4-66　合并转换

图4-67　保存并转换文件

步骤3：点击"合并转换"，即可实现文件的合并转换，如图4-66所示。

步骤4：调整歌曲的顺序，输出格式和质量，点击"保存并开始转换"，如图4-67所示。

只需要将转换好的歌曲放到杂志模板里面，再在各个内页模板里面设置背景音乐"同杂志模板"，就可实现多首音乐的连续播放。

问：将做好的杂志上传到网上，flv视频文件无法播放怎么办？

答：解决办法是在虚拟主机上新建一个目录，假设FLV视频的文件名为AA.flv，先将此视频文件删除，将新建的目录命名为AA.flv，再把AA.flv视频文件传到此目录下，并将此视频文件改名为index.html，播放器中的文件名保持原样不动，问题即可解决。

问：Zinemaker 2007对图片的分辨率有什么要求？

电子书刊设计

第四章

电子书刊

设计

制作软件

基础

Animation

New Media

Arts

Animation

New Media

Arts

答：Zinemaker 2007只对72像素的图片进行支持，对300像素的就会有错误反应。

问：当内页按钮和杂志翻页的热区重叠时怎么办？

答：有些页面设计时需要把按钮放在页边上或页角，会热区重叠，可惜又不是完全重叠。这时需要在Zinemaker按钮文件中加一行代码delete _level0.mousecontroll去替换掉默认的按钮swf，按钮文件的源文档flv在Zinemaker的安装文件夹中\Zinemaker 2007\designing。

问：为什么很多用模板制作杂志让杂志变大了？

答：在Zinemaker 2007中，文字尽量使用图片形式，不要使用文字。因为Zinemaker 2007的另一个强大功能就是会把你用到的中文字体自动嵌入到生成文件中，这是为了防止别人的机子上没有安装字体的人看不到你的字体或引起字体的变形。一个中文字体的体积小的有3M左右，大的有8M左右，而一张图片才几KB。所以，很多用模板制作杂志就会让杂志变大，因为模板中可替换的中文字是嵌入了中文字体的。

问：如何制作静态启动画面？

答：Zinemaker的启动画面在专业版中可以修改，可以选择"无启动画面"。当然，也可以自己做。启动画面其实也就是一个Flash，需要的基本软件有Flash8和模板制作器。

步骤1：用Flash8打开启动画面源文件，如图4-68所示。

步骤2：在右边的库中，双击image1前面的 来替换图像。 此时会出现如下窗口，点击"导入"，选择你需要作为启动画面的图，这样就可以替换掉了，如图4-69所示。

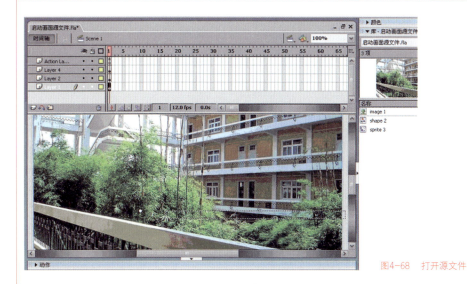

图4-68 打开源文件

步骤3：点击"文件"—"导出"—"导出影片"，以导出的swf文件，再用模板制作器转化为stp文件，打开模板制作器如图4-70所示。

步骤4：点击"制作启动画面"，按"OK"，如图4-71所示。

步骤5：在swf中，浏览、选择刚才Flash8导出的swf文件，点击"打开"，然后再点击"make"，就生成完毕了，最后点击"OK"，如图4-72所示。

步骤6：生成的stp启动画面在原来的swf所在文件夹里，将它复制到Zinemaker安装文件夹内的startup文件夹内，最后打开Zinemaker，在生成设置里面就可以看了。

问：如何修改Zinemaker页面中添加的特效的位置和大小？

答：改动特效源文件就可以完成。

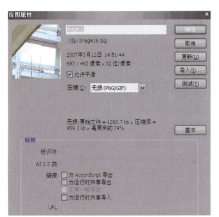

图4-69　替换图像

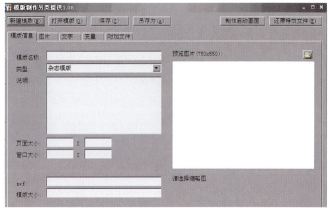

图4-70　导出文件

图4-71　制作启动画面

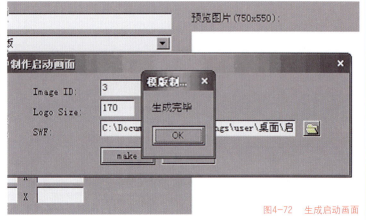

图4-72　生成启动画面

第五章

电子出版行业透析

5.1　电子出版行业概况

20世纪末，互联网技术的应用和普及给人们带来了一种全新的生活和工作方式。互联网在本质上是信息的载体、信息流的通道，信息流零边际成本的高速流动使产业价值链和企业流程发生了根本性的变化。互联网消解了巨大的交易成本和开拓了无限的市场空间，而其主体性尤其体现在传统产业的转型之中。随着互联网技术的逐步成熟，电子出版行业正逐渐成为互联网产业的亮点。电子出版业在互联网时代实行新的战略定位和转型策略，是其在新的历史条件下生存和发展的重要条件。电子出版物的技术发展潜力和文化整合功能所蕴含的巨大商机，吸引了越来越多的企业与资金。尽管这一产业的形成与发展还面临着诸如知识产权保护、营销机制、人才资源、产品定型等一系列瓶颈的束缚，但人们还是从中看到了巨大的希望。

当今社会已经步入信息媒体多元化的数字时代，曾经占据主流媒体地位的书籍似乎已经风光不再，在与诸多媒体的抗衡中，书籍渐渐偏居一隅，甚至被称为"夕阳产业"。网络、影视等媒体构建的以影像为主的、以刺激和挑战人的视觉为目的的媒介形式，正以快速的发展态势充斥于生活的各个层面，改变着人们的生活形态。在影像出现的一百年时间内，这种新的表意系统已逐渐被人们所理解、接受，其影响开始超过统治人类数百年之久的印刷文化，视觉符号取代文字符号成为当代文化的主导。人们逐渐倾向于认同简单直接的视觉表达，陷入一种单一的认识世界的视觉形式。它们的特点是虚拟的、非真实的。虚拟的文化逐渐占据了文化的主导地位，迫使我们重新思考书籍的定位。电子书刊设计是电子书刊最直观的表现形式，因为艺术设计的存在使电子书籍具有可触可感的"真实感"。

5.1.1　中国多媒体光盘电子出版物的发展历程

1993年，中国大陆第一张自主版权的多媒体光盘电子出版物《邮票上的中国——历史与文化》正式出版，将自1887年清朝的"海关大龙"邮票以来中国官方发行的1600套1万余枚邮票全部收入，并以100余万文字及大量的历史图片、录音和影视资料进行相关知识的介绍；同时，其多样快捷的编辑检索功能、多媒体融合的

第五章

中国

电子出版

行业透析

Animation

New Media

Arts

Animation

New Media

Arts

艺术表现效果、轻盈小巧的信息存储介质等特点,带给读者以全新的感受。此后开始有多媒体光盘电子出版物相继问世。

1998年初,由当时的国家信息管理中心和《多媒体世界》杂志社联合举办了"1993—1997年全国优秀光盘测评"活动,这是首次由国家相关行政部门组织的全国性多媒体光盘电子出版物的评奖活动,亦是迄今为止国内最高级别的多媒体光盘电子出版物的评奖活动。1997年,多媒体光盘《故宫》在法国莫必斯国际多媒体光盘大奖赛上获评委会特别奖。国内对多媒体光盘电子出版物的研究几乎是与其创作和开发同步开始的。1993年,《多媒体世界》创刊,此后又有《中国电子出版》问世。目前,国家图书馆收藏有十年来国内出版的有关电子出版物的学术著作1260余种。近年来,清华大学、北京大学、中国人民大学、北京师范大学等一批著名学府陆续开设了相关专业,培养多媒体技术、艺术、编辑出版、策划管理等方面的高级专门人才。许多艺术院校设立了新媒体艺术实验室,更多的大学则开设了电子出版物方面的课程。

5.1.2 电子书阅读器的发展

电子书的使用离不开阅读器。目前,阅读器分为软件和硬件两大类,其中软件阅读器实际上是计算机应用软件,但赋予了与电子书籍阅读有关的功能,如Microsoft Reader、Adobe Acrobat Ebook Reader 阅读软件等;硬件阅读器则是一种为阅读电子书刊而专门设计的设备,故得名手持阅读器,因体积小而便于携带。

人们为设计和生产电子书而进行了大量的研究和开发工作,提出了许多概念并发明了相关设备,这些设备称为电子书阅读器。与利用个人计算机或笔记本电脑阅读电子出版物相比,这些阅读器和相关软件的发明为读者使用电子书提供了很大的方便。从1995年底到1999年初,国外数家公司陆续推出自己的电子书阅读器,如:NewMedia公司推出的"火箭书"、软书出版公司的"软本"。2000年这两家公司归属宝石星公司(GemStar),后推出REB 1100(黑白)和REBI 120(彩色)。

与美日等发达国家相比,我国电子图书阅读器的研发以及产业化在时间上稍显落后。2000年初,我国开始有生产厂家涉足中文电子图书阅读器的研发。2000年3月,香港文化传播集团有限公司推出了全球首部彩色中文电子图书阅读器。同年9月,辽宁出版集团开发出大陆首部离线手持中文电子图书阅读器"掌上书房"(Qreader),随后又推出学生专用互动式学习终端产品"电子图书包"。2000年10月,天津津科公司与美国ADS公司联合研制出世界首部阅读不耗电、无闪烁的电子图书阅读器——翰林电子图书,解决了电子显示器容易引起疲劳的弊病。2001年该公司与日本松下公司签署协议,共同开发不耗电电子图书阅读器。同年4月,带领中国出版业"告别铅与火,迎来光与电"的北大方正与津科有限公司结成电子图书战略联盟，方正Apabi电子图书手持阅读器解决方案成功应用于津科的手持设备新品——翰林电子图书。自此，中国首款支持公众电子读物运营平台的电子阅读器正式登场，开创了手持设备阅读电子图书的新时代。目前津科已拥有7种型号的电子图书。2003年5月，方正科技与方正电子正式合作，推出E10、S10两款多功能轻便型手持阅读器。2004年，中国电子书阅读器的销售量突破5万台。其中两款主要的型号，是津科的翰林M型和方正的E321阅读器。虽然目前我国生产电子图书阅读器的厂家并不多，但开发研制拥有自主知识产权的国有品牌中文电子图书阅读器，已成为我国当前电子图书阅读器产业化发展的趋势。

5.1.3 中国电子出版产业的发展前景

人类的信息传播从以语言和烽火的方式作为第一期开始，便逐步进入了第二期的文字和纸的发明；第三期为印刷和出版；第四期为有线与无线电话以及电报的发明应用；第五期为电子计算机和集成电路的发明与利用。而今天，我们正处在第四期与第五期的过渡。在以视觉传达为主的印刷出版物之外，还有以视、听两种传达手段同时运用称之为多媒体光盘的电子出版物，网络出版物等。

1. 从新旧媒体的增长率看未来电子出版产业

根据中国出版科学研究所国民阅读倾向调查的数据显示：近年来，我国国民阅读率持续走低。1999年首次调查发现国民的阅读率为60.4%，2001年为54.2%，2003年为51.7%，而2005年为48.7%，首次低于50%。

美国书业研究集团(BISG)的报告显示，2003年美国图书销量比2002年整整减少了2300万册。VSS投资银行的数据显示，1998年，美国人年读书时间为120小时，到2003年，已跌落至106小时，2006年，这一数字进一步减至103小时。相反，花在互联网上的时间将从1998年的54小时，暴涨至2006年的213小时。

美国报业协会2006年5月8日公布的数据显示，2005年仅有51.6%的美国成年人每天看报，而这一数字在报业兴旺的20世纪60年代为80%。此外，在18~34岁的美国人中，每天读报的不足40%。2005年英国报纸发行量下降了3%，比2004年的下滑幅度高出一个百分点。欧美其他国家的报纸发行量也大多呈下滑趋势。2005年在208个国家里，报纸总发行量略微降低；欧盟15个旧会员国里面，有13个国家的报纸发行量下降。

这是传统媒体目前的一个发展状况。我们再看数字媒体，首先看互联网本身，据CNNIC调查数据显示，2006年上半年我国的网民数为1.23亿，比1997年第一次调查的数字增长了198.4倍。2005年中国网民上网的时间是每天大约48分钟，而读报纸的时间则大约40分钟，也就是说历史上第一次上网的时间超过了读报纸的时间，这是一个关键的转折点。新闻出版总署的数据显示：2004年，中国网络出版收入达

第五章

中国

电子出版

行业透析

Animation

New Media

Arts

Animation

New Media

Arts

35亿元人民币，带动相关产业(如IT、通信、媒体、教育等行业)估计达250多亿元。中国互联网协会发布的《2006年中国博客调查报告》显示，截至2006年8月底，中国博客作者规模已达1750万。从活跃博客的注册年份构成来看，2002年以来，博客规模每年都以2~3倍的速度快速增长，目前的规模较2002年增长了30多倍。在数字杂志方面，根据iResearch的数据显示：2005年中国数字杂志整体市场规模为2000万元。在电子图书方面，2003年全国E-Book销量约310万册，2004年全国E-Book销量约805万册，增长了260%。

2. 从资产对比看未来电子出版产业

据新闻出版总署计划财务司的统计，2004年全国573家图书出版单位的资产总额不过是504.4亿元，一家出版社平均不足1亿元的资产。而7家涉及互联网业务的网站——新浪、搜狐、网易、盛大、九城、TM、腾讯，总市值是73.9亿美元，折合为人民币是613.4亿元。从先进生产力的对比看，传统出版都采用落后的生产方式，无法直接掌握技术进步的主动权。数字出版采用先进的生产方式，掌握技术进步的主动权。从股权结构对比看，传统出版企业是清一色的国有股，而电子出版企业是海外以及香港上市公司。互联网企业、数字出版商有了先进的技术、雄厚的资金、灵活的机制后，必然要对出版业进行整合。

传统出版产业集中度低，全国有500多家图书出版社和9000多家期刊社。而电子出版产业集中度高，四大电子书出版商(北大方正、书生公司、超星、中文在线)占据了全国电子书市场90%以上的份额，拥有上百万的图书资源，具有极强的消费主导性。清华同方光盘中心、万方科技期刊群、维普资讯、龙源期刊网，占据了全国电子期刊市场90%以上的份额。清华同方的中国学术期刊网，在不到10年的时间里，基本上把学术期刊的整个资源，甚至从创刊号开始的全部论文整合到平台中。三大数字杂志(Zcom、Digibook、Xplus)占据了全国电子期刊市场90%以上的份额。在香港、台湾地区，2002年，香港TM集团投资收购台湾地区的出版集团并进行整合。整合后的"城邦出版集团"包括原来的商业周刊集团、尖端出版集团、电脑家庭文化集团、城邦文化事业集团，共24个出版品牌、杂志43本及新书品种约1300种。在国际上，国际知名搜索引擎Google宣布，公司与密歇根大学、哈佛大学、斯坦福大学、牛津大学的图书馆以及纽约公共图书馆达成协议，对其馆藏图书进行扫描。欧盟数字图书馆所提供的来自欧盟各成员国图书馆和文化机构的书籍、音乐作品、绘画、地图、档案、照片和电影等信息和资料超过200万件，计划到2010年，将馆藏信息和资料增加到1000万件。2008年11月20日开通后，由于访问量过高，网站多次陷入瘫痪状态。

从以上数据中我们不难看出，出版业正经历着前所未有的大变革。人类社会是以加速度的方式发展的，出版业也正在以加速度的方式向全面数字化转型。在这种难以置信的高速转型过程中，原有的行业分工正在打破，全社会正在向着一种高度融合又高度个性化、高度交互化的方向发展。电子出版正越来越受到政府部门和出版单位的重视，它也正在成为出版业未来的发展方向。

5.2　电子书籍设计的未来趋势

以微电子、通信技术为代表的数字信息技术的应用和普及正把人们从物质社会引入非物质社会。所谓非物质社会，就是人们常说的数字化社会、信息社会或服务型社会。非物质社会是一个基于提供服务和非物质产品的社会，是物理现实和社会现实充分信息化的社会，是一种基于计算机和网络系统的、以知识为中心的社会。计算机、网络技术的迅猛发展引发了这场非物质化的浪潮，书籍的传统地位开始受到挑战，电子书籍设计领域出现新的发展趋势。如何让古老的阅读形式延续下去，现代书籍设计师思考着电子书籍艺术设计的未来发展之路，并进行了大量宝贵的探索。其主要表现为设计内涵的艺术化、设计风格的简约化、设计信息的多元化、设计服务的人性化以及设计技术的生态化。

5.2.1　设计内涵的艺术化

伴随着技术的成熟，电子出版物逐渐进入了传统的出版市场，并且进行"极限扩张"。当电子出版物渐渐成为大众媒体时，电子书籍设计才开始被认为是有别于影像等多媒体文化的有效的设计语言。电脑扩展了设计的自由度，启发了人们的联想和创造，大大提高了工作效率，但是我们也不能不看到过于容易生成的特殊效果被迅速滥用，设计品味被引向繁琐、孱弱和庸俗，金属字、旋转、累赘的重叠合成，充斥着电子书籍的设计。电子书籍设计的形象性趋于模糊、情感性趋于淡化、意蕴性趋于失落、形式意味趋于消弥，这不可避免地使艺术设计变成了一种美的平均值的艺术设计。

我们在这高科技飞速发展、网络、多媒体强大冲击的时代，要冷静下来，对于电脑所提供的极其丰富的功能效果，必须有节制、有选择地加以运用，否则各类别书籍将失去独特的风格，使得人们将看不到书籍特定的时代性和文化背景。文化是电子书籍艺术的底蕴和依托，每一个社会发展时期总有特定的文化语境，而文化恰如一双无形的巨手，富有艺术地塑造着人的生活形象，恰当而有效地表现着电子书籍的内容。设计者应事先对电子书籍的内容、作者意图和读者范围尽可能有一个详尽的了解，设计要与电子书籍内容、书籍种类和写作风格相符合，做到形式与内容一致。电子书籍作为一种文化实体，它表述一定的文化信息，要找到一种解读文化的语言，并运用视觉的形式把文化内在的共性表达出来。电子书籍艺术设计大量运用在各专业电子出版物、宣传发行中，它本身构成了出版文化内涵的一部分。优秀的电子书籍设计与出版物的内容天然混成，可以起到实用性、艺术性、文化性相得益彰的作用，是培植和传承文化的重要手段。当然，文化的继承并不是复古主义，而是再创造和再发展。

在全球化的形势下，提出这样一个发展方向，无疑更加符合时代的需求。电子书籍设计更容易陷入令人眼花缭乱的各种新媒体的表现上，而忽略了对电子书籍内涵的把握。电子书籍设计的探索，应着重于准确把握电子书籍功能与美学的关系。读者在阅读电子书籍时，深深感受于内容的传达，还可长时间品味内容以外的个中意韵，甚至在阅读过程中将电子书籍作为艺术创作来欣赏，这就是电子书籍设计所具有的独立的审美价值和艺术价值的基础。电子书籍设计作为一种艺术的、审美化的设计行为，它所创造的影像情趣、文字描述和图形语言，能够极大地激发人们的审美兴趣和无穷无尽的审美想象力，诱使人们沉浸于感官刺激极强的、变幻莫测的图像盛宴前，在获得巨大的感官快感的同时超越这种快感，享受到精神愉悦和审美愉快。

5.2.2 设计风格的简约化

崇尚简单质朴的生活，这是20世纪人的一种心灵需求。人们对简单生活的需求也包括对书籍文化简约，单纯的需求。被"震惊"与"惊艳"的视觉文化熏陶久了的人们，会有一种静下心来的渴望。阅读是静思冥想的一种方式，也是与心灵对话的方式。在消费竞争中，怎样让人们对媒体有一种深刻的认知，从接受心理学来看，简单明了的东西更容易让人接受。在电子书籍设计中，应该去掉芜杂的非主题元素，突出主题元素。

电子书籍设计应当能加强读者对一本书的感悟，悟出淡泊宁静的"韵味"。奇特的电子书籍设计，新媒体的运用或许是一种可贵的探索，但简单朴素的电子书籍设计往往更能以"大象无形"的境界给予观者更多的想象，进而体会形而上的道。人们面对太多杂乱的电子视觉刺激之后，需要一种电子设计作品使他们抽身出来对审美对象进行细细地感悟。电子书籍应该提供这样一个平台，扮演这样一种角色：提供观者更大的想象空间，在静思、冥想中体会心灵的宁静和视觉的放松。

由传播本位向受众本位的转移是大众传播发展至今的另一个特色。设计首先考虑的当然是受众的接受，也就是传播效果的实现。所以应该要考虑到受众的接受能力、适应程度和文化品味等因素。过于复杂的设计反而会让受众无法选择，甚至会因为产生视觉和思维的疲劳而涌现逆反的情绪，所以电子书籍设计应该体现出简约化的特点。简约化不是简单，其实是通过尽可能少的设计符号将书籍理念、设计宗旨外化出来，实现传播效果的胜利突围，让读者一目了然地抓住书籍的内涵并记住

第五章

中国

电子出版

行业透析

Animation

New Media

Arts

Animation

New Media

Arts

刊物的特色。在具体的实施过程中，可以尽量突出设计的平面设计特点，以动态条形码和简单的几何图形等为界面的基本标识性元素，突出动感、现代感和时尚感。另一方面，一切电脑技术（包括硬件与软件技术）的发展总是以功能多样化、操作简单化为目标，在未来，电子书籍也将会更加方便人们的操作。因此，电子书籍设计应该在新颖独特的形式和深刻而又简约的内涵上下工夫，既要"先声夺人"，又要"耐人寻味"；既要走在时尚的前列，又能在文化上有其独特的归属感。

当然，电子书籍设计作品会呈现多元化态势，创作风格百花齐放，单一风格独打天下的时代已经一去不复返了。

5.2.3　设计信息的多元化

多元化的艺术设计指将作品中的信息以丰富的形态表现出来，处理成信息与思维的混合体，使大量的信息内容组合成一个整体空间，并将其延伸。数字化浪潮对电子书籍艺术设计领域最显著的影响莫过于设计信息的多元化。融文字、数据、声音、图形、图像、动画等视讯信息于一体的多媒体技术，基于数字信息网络的跨国境的设计协同，从视觉、触觉、嗅觉上多维的模拟虚幻世界的虚拟现实技术(VR)，彻底实现了设计表达和交流过程的多元化。数字化的电子书籍艺术设计过程具有更加准确、快速、合理、可靠地反映设计意图的特性。在传统的组织机构中，设计的信息载体较单一，但其信息量十分庞大，文件的组织和管理常常会出现混乱的情况。对设计信息进行全方位的数字化表达有利于动态、直观地进行设计交流与评价，最大限度地调动读者的兴趣，提高出版物的表达能力。

设计信息的多元化是以数字化技术为核心,通过多媒体技术、网络技术、虚拟现实技术等来实现信息、工具、人员的集成，从而有效地实现了设计过程中对对象的全面分析和判断，运用创造性思维，寻求解决问题的方案。随着条件的改进，人们会有更多的满足，诸如更少的压缩率，更多的令人陶醉的体验，特别是虚拟现实和三维。电子书籍设计可能也得为这样飞快的变化寻求对策：带宽可能逐渐不成为问题。在内容和导航上应用更多的交互式和动态3D将变得更有意思。交互式视频、多用户空间使你真实地感觉到别人和你在一起。

多元化设计需要摒弃片面的、概念化的方法论。未来的设计师们是电子书籍艺术的交响乐家，能将文字、图片、空间、影像和声音的理念，通过一种记录性的、互动性的交流方式结合在一起。各种各样理念的原则和媒体的原则在更为广阔的文化领域内相互联系，相互作用。

5.2.4　设计服务的人性化

以机器化大生产为标志的工业时代，是在一个特定的时间和地点以统一的操作化方式生产的经济形态。以电脑为特征的信息时代，则减弱了时间和空间与经济的

第五章

中国
电子出版

行业透析

Animation

New Media

Arts

Animation

New Media

Arts

相关性。在非物质社会的环境中，电子书籍与人就如同人与人之间一样熟识，电子书籍对人的了解程度和人与人之间的默契不相上下。这些变化使得设计师面对的设计对象是包含智慧的产品，需要努力以电脑语言的工具和技巧来寻求科学与艺术之间的平衡支点。

人性化设计应包含足够的信息分享与沟通联系，它与使用者之间的关系是融洽的、亲密的。就像网络是打破了时间与距离限制，实现了全球化资源共享的一种交流方式那样，"多媒体电子书籍艺术"也打破了传统的在特定地点与特定时间中的作品展出方式。任何一个人，他不管在什么地方，只要他具备了必备的上网条件与交流技术，他就可以参与到作品的互动过程中，所以，从这一点来说，"多媒体电子书籍艺术"是具有最广泛的公共性的表现形式。

美国麻省理工学院传媒实验室的物理学家乔·雅各正进行一项名为"最后一本书"的研究项目，试图将书籍的优点与先进的微电子技术结合起来，创造出一种能够储存成千上万种书籍的"万能"的电子书籍。这种书外观与普通书籍差别不大，不同之处在于，它的每一页纸都是由两层透明的电极构成，中间埋有千百万颗装在微囊体中的微粒，微粒呈白色或黑色，在两侧电极作用下显露出不同的黑白比例，就像"电子墨粉"一样，以此组成纸页上的字母。每个微囊体约40微米大小，比人的头发丝的一半还要细。这种电子图书书脊中装有调制解调器、电池、微处理器及其他元件，书脊的显示屏幕上设有各种功能按键，读者可以从它储存的成千上万种书籍中任选阅读，还可调节字体大小，甚至可以只需按一个钮，从互联网上下载新书。由于是以数字方式存储信息的电子书籍，它不仅携带方便，还可进行各种处理，如字体可大可小，可用电子笔在页边作注释，把自己的评论存放在书脊中可插拔的新存储卡上。这本特殊的书可以随身携带，带上它意味着带上一个流动的图书馆。

未来电子书籍艺术更加强调使用者与消费者的重要性。在艺术设计方面，设计表达与设计创意已经由设计师个人延伸到观众，人们对设计师的要求不再是设计动人的形式与内容，而是设计环境、空间、框架，让观众能够参与其中。设计师现在所做的不再是在现实世界中取样以反映他的设计思想，而是构造网络"框架"，任由观众在其中创造自己的世界，让个人能充分利用网络空间的自由，有能力建构自己的现实，重新自我创造。这些正是电子书籍设计思想的重要性所在，也是数字革命真正的意义所在。

5.2.5 设计技术的生态化

科技的进步带来了物质上的极大丰富，同时随之而来的是能源浪费、环境污染以及亚健康等一系列负面影响。自然的生态平衡是人类赖以生存的基础，但是在

21世纪的信息社会，科技的理性建构使我们越来越依赖电子媒介而背离自然。卢梭"回归自然"的呼吁，丝毫未能阻挡人们背离自然、攻略自然的步伐，人类似乎正渐渐地从自然的生物链中游离出来，建构另一个虚拟世界。这就引起人作为"生物"的存在和作为"生命"的存在两者之间的矛盾，也就是物质生命和精神生命的矛盾。物质生命所依赖的自然生存，和精神生命所依赖的技术生存构成了人类非战争时代的危机。技术生存剥离了人与自然的和谐共生，疏离了本真的人性，正发生着蜕变与异化。

　　人类正以自己的生物存在为代价，在追求生命存在的同时又通过技术生存实施自我摧毁与消亡。我们往往越是追求就越是失去，人类就是在不断的利与弊的抉择中曲折前进。没有绝对的是，也没有绝对的非。由于电子出版物的无纸化设计，所以对环境保护可以带来极大的好处，可以降低造纸工业产生的污染，同时也节约了资源。电子书籍的存在自然有"是"的一面，同时也有"非"的一面。我们只能用辩证的观点，以可持续发展的战略眼光在是与非中权衡。电子书籍在很大程度上拉近了主体与对象的审美距离，改变了距离产生美的审美习惯，以沉浸式的体验，让审美对象在触动中形成心理印象。由于主体的个体差异，电子书籍艺术的非线性、随机性特征，导致每个主体产生的心理印象也不尽相同，艺术的想象愈加丰富和多姿。但是，这优势从另一个角度看同样也会成为劣势。正因为这种"沉浸式"的体验，人和电子媒介的距离已然拉近，像电视、电脑、手机、网络等，人在使用的同时也沉浸在电磁波的辐射中。虽然我们还不能精确地量化这种辐射的危害程度，但是它对人类造成的"健康污染"是不可回避的，包括视觉经受长期的刺激引起的视觉疲劳、精神疲劳，身体免疫机能的弱化、肌体的活力，心理因素的变化，身体的亚健康状态等。这些危机的存在已引起了科学家和社会学家的足够重视。他们正力图用生物技术代替电子技术，以生态技术达到人机的和谐共生。

　　科技不仅催生、改造和提升了报纸、广播、电视等传统媒体，而且直接孕育和产生了第四媒体——网络媒体。[①] 网络技术的应用迅猛发展，正在而且继续推动着传统媒界发生革命：打破媒体间的界限，使"所有媒体都在网络上运行"。信息社会的网络技术直接影响了人类设计的实践活动,彻底地改变了设计领域的形象,扩大了它的内涵与外延，使它产生了更广泛的适应性和创造性,新世纪的设计将由此引发一场更深刻、更广泛的革命。从这个视角审视未来书籍的发展方向，我们可以想象网络将成为继纸质、光盘等媒体之后，未来书籍的主要媒体。由以上分析我们应该意识到，所谓现代电子书籍设计将包含着更为广泛的内容与形式。时代要求我们必须认真研究电子书籍的艺术设计思想。要看到它的发展，关注它的变化，一成不

---

① 第四媒体即互联网网络媒体，1998年由联合国秘书长安南正式提出。这一概念的提出是为了强调互联网与报纸、广播、电视这三大传统新闻媒介一样，是能够及时、广泛地传递信息的第四大新闻媒介。

变的模式将不复存在。新时期对设计师、出版工作者提出了更高的要求：既要不断提高充实，丰富自己的艺术积累，又要努力学习与电子出版物相关联的科学技术知识。坚持独立创意，不断进取，才能将我国的书籍装帧艺术的优良传统发扬光大，创造出属于新时代的电子书籍设计风格。

第五章

中国
电子出版

行业透析

Animation

New Media

Arts

Animation

New Media

Arts

参考文献

[1] [加] 马歇尔·麦克卢汉.理解媒介[M]. 北京：商务印刷馆，2000.

[2] [美] 苏珊·朗格.情感与形式[M]. 北京：中国社会科学出版社，1986.

[3] [英] 贡布里希.秩序感[M]. 湖南：湖南科学技术出版社，2000.

[4] [美] 阿恩海姆.艺术与视知觉[M]. 北京：中国社会科学出版社，1987.

[5] [美] 马克·第亚尼.非物质社会——后工业世界的设计、文化与艺术[M].滕守尧译， 四川：四川人民出版社，1998.

[6] [美] 威廉·荷加斯.美的分析[M]. 广西：广西师范大学出版社，2005.

[7] [日] 日本CR&LF研究所.配色全攻略[M]. 北京：中国青年出版社，2006.

[8] [法] 狄德罗.狄德罗美学论文选[M]. 北京：人民文学出版社，1984.

[9] [美] 盖尔·戴布勒·芬克.白色设计[M]. 上海：上海人民美术出版社，2002.

[10] [俄] 瓦·康定斯基.论艺术的精神[M]. 北京：中国社会科学出版社，1987

[11] [俄] 瓦·康定斯基.点、线、面——抽象艺术的基础[M]. 上海：上海人民美术出版社，1988.

[12] [日] 佐佐木刚土.版式设计原理[M].武湛泽， 北京：中国青年出版社，2007.

[13] [美] 尼古拉·尼葛洛·庞蒂.数字化生存[M]. 海南：海南出版社，1997.

[14] [英] 理查德·布赖斯.多媒体与虚拟现实工程[M]. 北京：中国电影出版社，2000.

[15] [英] 尼克·史蒂文森.认识媒介文化[M]. 北京：商务印书馆，2001.

[16] [瑞士] 约翰·伊顿.设计与形态[M]. 上海：上海人民美术出版社，1992.

[17] [英] 哈罗德·威特克.动画的时间掌握[M]. 北京：中国电影出版社，1999.

[18] [西] 赛尔西·卡马拉.动画设计基础教学[M]. 广西：广西美术出版社，2006.

[19] [法] 赫伯特·泽特尔.图像声音运动：实用美体美学[M]. 北京：北京广播学院出版社，2002.

[20] [法] 马塞尔·马尔丹.电影语言[M]. 北京：中国电影出版社，2006.

[21] 叶德辉.书林清话[M]. 江苏：广陵书社，2007.

[22] 王受之.世界平面设计史[M]. 北京：中国青年出版社，2002

[23] 孟建.图像时代：视觉文化传播的理论诠释[M]. 上海：复旦大学出版社，2005.

[24] 蒋原伦，史建.先锋随笔[M]. 广西：广西师范大学出版社，2004.

[25] 田胜立.电子出版物概论[M]. 武汉：华中理工大学出版社，1998.

[26] 黄奋鸣.数码艺术学[M]. 上海：学林出版社，2004.

[27] 严晨.多媒体数字艺术[M]. 北京：化学工业出版社 2003.

[28] 姚海根，孔玲君，腾莉.电子出版概论[M]. 北京：印刷工业出版社 2003.

参考文献

Animation

New Media

Arts

Animation

New Media

Arts

[29] 曹方.视觉传达设计原理[M].江苏：江苏美术出版社 2005.

[30] 王令中.视觉艺术心理[M].北京：人民美术出版社，2005.

[31] 权英卓，王迟.互动艺术新视听[M].北京：中国轻工业出版社，2007.

[32] 白雪竹，李颜妮.互动艺术创新思维[M].北京：中国轻工业出版社，2007.

[33] 张惠如.创意精选·封面设计篇[M].台湾：台北艺风堂，2001.

[34] 靳埭强.中国平面设计[M].上海：上海文艺出版社、香港：香港万里机构联合出版，1999.

[35] 李念芦.影视技术概论[M].北京：中国电影出版社，2007.

后 记

　　选择这样的课题进行研究，对我来说并非坦途，事实上，本书的写作是一项非常辛苦的劳动，其原因即在于要对电子书刊艺术设计领域有十分广泛而深入的研究。在写作过程中，笔者常深感学历和常识的不足，因此写作的过程同时也是一个不断思考的过程，所以本书并非是一个最终完善的成果，只能说对电子书刊设计实践中遇到的一些问题进行了理论上的思考，这些问题还有待于自己和同道者作进一步的探讨和研究，权且以"阶段性成果"诚恳等待读者赐教。

　　特别感谢百花园杂志社的胡红影女士给予的帮助，她负责撰写了本书的第四章，在此，我深表谢意；感谢本书中所选用的作品的设计师们，正是他们的作品使我们的生活更加美丽而富有情趣；感谢武汉大学出版社的编辑们，是他们使我有机会写这样一本有趣的、总纲性的书；感谢广州美术学院数码艺术设计系的各位老师和同事，感谢他们给予我的鼓励和帮助；最后要感谢我的家人，没有他们的奉献和支持，我是无法安心于艰苦的研究的。

柴文娟

2009年9月于广州美术学院